Comprate il Dip?

Investire nella finanza decentralizzata e fare trading di criptovalute, 2022-2023 - Toro o orso? (Strategie intelligenti e redditizie per i principianti)

Bit Bros Media

Dichiarazione di non responsabilità

Azioni, obbligazioni, criptovalute, tutto va giù: e adesso?

Per gli investitori, finora è stato un anno negativo. Sia con le azioni che con le obbligazioni e le criptovalute si è perso molto denaro quest'anno e anche con il denaro in banca si è perso, perché il tasso di inflazione ad aprile era quasi del 10%. Dove si può ancora andare con il proprio denaro se si vuole guadagnare qualcosa?

Per anni i bassi tassi di interesse sono stati i migliori amici degli investitori. Poiché i risparmi bancari non rendevano quasi nulla a causa dei bassi tassi d'interesse, molto più denaro è andato alle azioni. Questo ha fatto salire notevolmente i prezzi, che a loro volta hanno fruttato agli investitori un notevole guadagno.

Ad esempio, l'anno scorso avete guadagnato il 28% con l'indice AEX, l'indice principale della borsa di Amsterdam. Ma quest'anno l'indice AEX è già sceso del 15% circa. Solo quattro dei 25 fondi AEX sono in attivo.

Le obbligazioni allora? Se i tassi d'interesse scendono, come è successo negli ultimi anni, ciò sarà positivo per i prezzi delle obbligazioni. Ci sarà molta domanda per le obbligazioni esistenti, perché il loro interesse è solitamente superiore al tasso di mercato. Se il tasso d'interesse ricomincia a salire, questo vantaggio viene meno. E i prezzi delle obbligazioni scenderanno. Per quanto riguarda i titoli di Stato olandesi, quest'anno avete già perso il 10%.

Paura di un aumento dei tassi di interesse
Il motivo per cui le azioni e le obbligazioni stanno andando male è che gli investitori temono che l'attuale inflazione elevata nell'eurozona e negli Stati Uniti porti le banche centrali ad aumentare i tassi di interesse. Le banche centrali tradizionalmente cercano di combattere l'inflazione troppo alta con un aumento dei tassi di interesse.

Gli Stati Uniti hanno già iniziato a farlo e gli analisti ritengono che i tassi di interesse saranno ulteriormente aumentati. Christine Lagarde, direttore generale della BCE (Banca Centrale Europea), ha dichiarato che il rialzo dei tassi ufficiali inizierà a luglio.

Le criptovalute allora?
Anche quest'anno non c'è nulla da guadagnare con le criptovalute. Il prezzo del bitcoin, di gran lunga la criptovaluta più importante, è ora inferiore di circa il 40% rispetto all'inizio dell'anno.

Il Bitcoin è stato venduto come l'oro digitale, ma con il bitcoin non si ottengono compensi come gli interessi o una quota dei profitti, afferma Stan Westerterp, proprietario di Bond Capital Partners. "Con l'aumento dei tassi di interesse, il bitcoin sta diventando meno attraente".

Contanti?
Avreste dovuto lasciare i vostri soldi in banca? Il tasso di interesse è pari a zero, e se avete più di una tonnellata in banca pagherete anche lo 0,5% di interessi. Peggio

ancora, i vostri soldi varranno comunque meno a causa dell'inflazione.

Secondo il nostro CBS (Central Bureau of Statistics), ad aprile un euro valeva il 9,6% in meno rispetto a un anno prima.

Oro e case

Ci sono tuttavia categorie di investimento in cui i prezzi sono aumentati. Ad aprile, ad esempio, le case costavano in media il 13,7% in più rispetto a un anno prima. Ma l'acquisto di una casa come investimento non è per tutti.

Anche il prezzo dell'oro è aumentato, di quasi l'1%. Dopo l'invasione russa dell'Ucraina, l'oro è stato visto come un rifugio in questi tempi incerti. Inoltre, gli investitori spesso puntano sull'oro quando l'inflazione è in aumento.

Titoli energetici

Non c'è più nulla in cui investire? Secondo Jacob Schoenmaker, l'unico investimento che sta andando bene al momento è quello delle azioni del settore energetico. Nell'AEX, ad esempio, Shell è di gran lunga il titolo che ha registrato il maggior rialzo quest'anno, con un guadagno di oltre il 37%.

"Ma non dovreste puntare tutti i vostri soldi sulle società energetiche, perché se il sentimento dovesse cambiare, i prezzi probabilmente scenderanno di nuovo".

O gli assicuratori

Schoenmaker ritiene che le banche e le assicurazioni possano ancora trarre vantaggio dall'aumento dei tassi d'interesse. Per loro, a differenza delle azioni in generale, l'aumento dei tassi di interesse è effettivamente vantaggioso. Ma se i prezzi delle azioni scendono, saranno soprattutto le compagnie assicurative a risentirne, sostiene Schoenmaker.

È importante, tuttavia, distribuire i propri investimenti, avverte Schoenmaker. Non mettete tutte le vostre uova in un solo paniere. Ciò significa che non si può evitare di mettere parte del proprio denaro in investimenti che sono attualmente colpiti duramente.

Indice dei contenuti

Dichiarazione di non responsabilità 1

Azioni, obbligazioni, criptovalute, tutto va giù: e adesso?..........2

Indice dei contenuti 6

Il mercato all'inizio del 2022 8

Luna (Terra) è stata chiusa? 14

T a verità su Terra 16

La SEC sta indagando su Terra? 18

Problemi di Stablecoin? 20

Le monete stabili contro l'UE? 22

Dogecoin o Ethereum, cosa sta succedendo?...........................24

Perché USDT sta crollando? 26

L'intero mercato delle criptovalute sta crollando....................28

L'ETF Bitcoin parte in Australia?..34

Il Bitcoin è protetto dalla legge in Cina?.................................36

Truffatore di criptovalute condannato al carcere....................38

ApeCoin (APE) recupera 40

Warren Buffet riceve bitcoin gratis? 42

Nuova difficoltà per il mining di bitcoin? 45

Il futuro del bitcoin in Brasile 47

Tasse sui BTC in Germania 49

Microstrategia e Bitcoin..51

KuCoin vale 10 miliardi di dollari dopo un investimento di 150 milioni di dollari 53

Bitcoin in forte ripresa 55

Conviene investire in cripto ora? 58

Investire in criptovalute come imprenditore?............72

Quale criptovaluta è promettente?...........................77

Strategie di profitto a lungo termine..........................88

Il bitcoin raggiungerà i 100k nel 2022?......................92

Economia post covid 98

Come iniziare a investire in criptovalute? 102

Quanto si dovrebbe investire mensilmente in Crypto e Bitcoin per ottenere profitti? 112

Il mercato all'inizio del 2022

Sempre più imprenditori indipendenti decidono di investire in criptovalute e azioni. Ad esempio, dall'inizio della pandemia, il prezzo del bitcoin è stato più che interessante per chi vuole fare un salto nel profondo del mondo delle criptovalute.

Anche gli investimenti in altre criptovalute sono in aumento. Si pensi agli XRP di Ripple o agli Ether di Ethereum. Anche voi state pensando di iniziare a lavorare con la moneta digitale come imprenditori autonomi? In questo articolo potete leggere di più su ciò che dovete sapere sull'investimento in criptovalute nel 2022.

Conoscere il funzionamento delle criptovalute prima di iniziare a investire
Innanzitutto, è bene sapere come funzionano le criptovalute prima di spendere denaro. Una recente ricerca di Radar ha dimostrato che la maggior parte dei possessori di criptovalute non ha idea di come funzionino esattamente le criptovalute. In realtà esistono diversi tipi di monete virtuali in cui è possibile investire. La più nota è il bitcoin, che è anche la prima criptovaluta. Nel 2009, il fondatore Satoshi Nakamoto inviò la prima transazione con bitcoin. Un anno dopo, nel 2010, ha avuto luogo la prima transazione commerciale. Due pizze sono state acquistate per 10.000 bitcoin.

Sapendo che un bitcoin vale più di 34.000 dollari al momento in cui scriviamo, è difficile immaginarlo. Nel corso degli anni, il bitcoin è diventato incredibilmente prezioso. Sempre più persone hanno iniziato a investirvi e la blockchain, su cui opera la valuta, è diventata sempre più forte e sicura. Oltre al bitcoin, esistono altre criptovalute in cui è possibile investire. Prendiamo ad esempio l'XRP sul tasso di cambio ripple o l'Ether o il tasso di cambio Ethereum. Queste altcoin hanno un valore leggermente inferiore a quello del bitcoin, ma certamente non meno interessante. Quindi, valutate con attenzione quali monete sono adatte al vostro portafoglio.

Avete intenzione di investire in criptovalute per lavoro o per uso privato?
Dopo aver approfondito un po' i dettagli delle criptovalute, è bene pensare a come investire in una o più monete. Dopotutto, in qualità di imprenditore, si può scommettere sia in ambito lavorativo che privato. Dovete sapere che quando decidete di investire in criptovalute per scopi commerciali, ogni profitto o perdita sarà incluso nel profitto totale della vostra azienda. In questo modo, il vostro possesso di criptovalute viene considerato come possesso della vostra azienda. Pertanto, dovete sempre riportare i risultati del vostro investimento, ad esempio il tasso di cambio del bitcoin, nel conto economico.

Naturalmente, ciò influisce sulla vostra amministrazione in quanto lavoratori autonomi. Pertanto, è sempre consigliabile assumere un commercialista quando si vuole investire in criptovalute per scopi commerciali. Poiché gli investimenti aziendali sono visti da molti imprenditori come una sorta di onere, spesso scelgono di investire il denaro privatamente. In questo caso non è necessario includere le perdite o i profitti nel fatturato e negli utili totali. Ciò di cui si deve tenere conto è il fisco. Gli investimenti effettuati privatamente sono sempre tassati nella casella 3 con un'imposta sulle plusvalenze che va dallo 0,6% all'1,6%. Dovete quindi stabilire da soli, o in consultazione con il vostro commercialista, quale sia il modo di investire più adatto a voi.

La situazione in Russia e Ucraina influisce sulle criptovalute?
Finora il 2022 è stato un anno ricco di eventi, proprio come il 2021 e il 2020. Non c'è da sorprendersi se voi, come imprenditori, vi state chiedendo se sia il caso di investire nel tasso di bitcoin, nel tasso di ripple o in qualsiasi altro tasso. Gli ultimi anni sono stati molto rosei per le varie criptovalute. Corona ha giocato un ruolo importante nell'improvviso aumento dei prezzi: in primo luogo, grandi investitori, aziende e imprenditori hanno iniziato a investire in criptovalute quando l'economia è crollata. Di conseguenza, i prezzi sono saliti improvvisamente, attirando a loro volta l'interesse di persone "comuni" e lavoratori autonomi. Avete indovinato: anche loro hanno deciso di iniziare a investire in massa nelle criptovalute.

La crisi della Corona ha fatto molto bene alle valute cripto. Ora che questa crisi sembra volgere al termine, la prossima è già all'orizzonte: la possibile guerra in

Ucraina. Se possedete criptovalute, è probabile che abbiate già visto i prezzi scendere un po' nelle ultime settimane. Gli esperti si aspettano che il prezzo del bitcoin scenda ulteriormente in caso di guerra vera e propria. Anche le quotazioni di altre altcoin hanno subito un calo nelle ultime due settimane. Questo significa che non si dovrebbe investire in criptovalute? Certamente no. Come al solito, si dovrebbe investire solo con il denaro che si può risparmiare. Allora il prezzo del bitcoin o del ripple è un'avventura incredibilmente divertente ed emozionante da seguire.

Che cos'è il Bitcointrading?

In poche parole, il Bitcointrading consiste nello scambio di denaro fiat con questa criptovaluta. Piattaforme digitali come Bitcoins Era consentono di acquistare Bitcoin con denaro convenzionale e di venderlo successivamente. In questo modo è possibile ricercare e prevedere il prezzo del Bitcoin per determinare quando acquistarlo o venderlo con profitto. È possibile iscriversi a questa piattaforma per iniziare a fare trading di Bitcoin.

Le società finanziarie dispongono di prodotti di investimento basati sul Bitcoin, tra cui i contratti per differenza, oltre agli scambi di criptovalute. Tali prodotti consentono di negoziare il Bitcoin senza possederlo direttamente. Nel complesso, il trading di Bitcoin è un'attività in via di sviluppo che le persone praticano per ottenere profitti. Ecco perché anche voi dovreste iniziare a fare trading di Bitcoin quest'anno.

Valutazione del Bitcoin

La maggior parte dei fattori che influenzano il valore della moneta fiat, come il debito pubblico, i tassi di interesse e l'instabilità politica, non influiscono sul prezzo del Bitcoin. Mentre questa criptovaluta fluttua rapidamente, il suo valore aumenta gradualmente. Inoltre, la domanda di Bitcoin è elevata a causa della sua crescente accettazione e applicazione. Inoltre, la tecnologia blockchain regola l'offerta di Bitcoin, non i governi e le banche centrali.

Oggi i minatori producono nuovi token e le persone commerciano queste monete crittografiche a scopo di lucro. Alcuni investitori hanno ottenuto rendimenti superiori al 100% sui loro investimenti in Bitcoin. Inoltre, il Bitcoin ha raggiunto il valore record di oltre 60.000 dollari per token. Questi dettagli dovrebbero incoraggiarvi a iniziare a fare trading su questa moneta virtuale oggi stesso.

Alcuni economisti hanno previsto che il valore del Bitcoin raggiungerà il milione di dollari. Questo perché Paesi come El Salvador hanno reso il Bitcoin una moneta legale e un numero maggiore di aziende lo sta accettando come mezzo di pagamento.

Alcuni temono il Bitcoin perché le banche e i governi potrebbero controllarne il valore, ma altri stanno aderendo. E quando un numero maggiore di banche centrali acquisterà il Bitcoin come valuta di riserva, il suo valore salirà alle stelle, rendendo i possessori di Bitcoin più ricchi.

Il Bitcoin è sicuro.

Il Bitcoin utilizza la tecnologia blockchain per proteggere le transazioni. Potreste iniziare a commerciare questa moneta virtuale oggi stesso, poiché utilizza una rete peer-to-peer per consentire scambi anonimi. Idealmente, quando vendete servizi e articoli o pagate con Bitcoin non rivelate alcuna informazione personale.

La transazione non rivela la vostra vera identità quando vendete o acquistate Bitcoin. Inoltre, le transazioni in Bitcoin sono più economiche e quasi istantanee. Nessuno al di fuori della transazione ha accesso a dettagli come le parti coinvolte e gli importi. Inoltre, la blockchain del Bitcoin impedisce la contraffazione della criptovaluta e la doppia spesa...

Luna (Terra) è stata chiusa?

Ci sono di nuovo alcuni importanti sviluppi da segnalare riguardo a Terra (LUNA), la criptovaluta che è completamente crollata. Ad esempio, alcuni exchange hanno ritirato l'altcoin dalla loro piattaforma e la rete è in pausa.

Terra stacca la spina alla blockchain

Questa mattina presto è stato riferito che Terra ha congelato la sua blockchain. Questa è la seconda volta che accade nell'ultimo giorno. I validatori della rete hanno staccato la spina alla blockchain al livello di blocco 7.607.789 con l'obiettivo di sviluppare un piano su come procedere.

Di conseguenza, non è più possibile inviare crittografia attraverso la rete. Non è chiaro per quanto tempo sarà così. Tuttavia, è uno scenario fastidioso per le persone che attualmente hanno ancora LUNA. Dopotutto, non hanno altra strada da percorrere.

La piattaforma di trading di criptovalute sospende il trading di LUNA

La piattaforma di trading olandese Bitvavo ha deciso di sospendere le negoziazioni in LUNA. Poiché la rete è completamente fuori uso, la liquidità è scarsa. Ciò significa anche che gli utenti non possono attualmente prelevare LUNA dal proprio conto Bitvavo.

Tuttavia, l'exchange sta elaborando un piano di compensazione in quanto la situazione attuale significa che gli utenti con LUNA sul proprio conto potrebbero avere una "esposizione indesiderata" alla criptovaluta. Il risarcimento consiste in quanto segue:

"Gli utenti riceveranno il valore in EUR dei loro LUNA nel momento in cui l'operazione LUNA-EUR è stata messa in pausa il 13-05-2022 alle 8:20 AM (CET). Questi importi saranno aggiunti automaticamente al conto dell'utente nel corso della giornata (finché l'utente manterrà il proprio LUNA) e saranno visibili nella cronologia delle transazioni."

In questo modo gli utenti potranno conservare i loro LUNA e ritirarli una volta che la blockchain sarà di nuovo operativa. Ma, come già detto, non è chiaro quando ciò avverrà e se avverrà del tutto.

Binance rimuove completamente LUNA
La borsa criptovaluta Binance fa un ulteriore passo avanti e rimuove le coppie di trading LUNA e UST dalla sua piattaforma di trading. Lo ha annunciato questa mattina presto.

T a verità su Terra

Il prezzo di terra (LUNA) è sceso di ben il 99% negli ultimi giorni fino a 0,05 dollari, il prezzo più basso dalla fine del 2020. LUNA era ancora al quinto posto in termini di criptovalute più grandi la scorsa settimana, ma sta scendendo alla posizione 128 al momento della scrittura. La stablecoin UST che ha causato questa situazione è attualmente del 60% al di sotto del suo valore.

Tuttavia, i creatori di Terra non vogliono arrendersi e stanno elaborando un piano di salvataggio per LUNA e per UST. Il fondatore di Terra, Do Kwon, CEO di Terraform Labs, ha presentato ieri la prima misura.

Con la proposta comunitaria 1164, il team vuole salvare gli UST aumentando il pool di base. La quantità di UST che può essere scambiata con LUNA sarà quindi quadruplicata. In questo modo i possessori di UST potranno ancora incassare, ma il prezzo di LUNA subirà una pressione ancora maggiore. La proposta ha ottenuto il 62,6% dei voti favorevoli.

Nuove misure per LUNA e UST
Recentemente, Terraform Labs ha rivelato ulteriori misure per salvare questa criptovaluta. Innanzitutto, il team vuole distruggere i token UST rimanenti nel pool della comunità di Terra. Questo comporterà la distruzione di ben 1 miliardo di UST. Normalmente questo piatto avrebbe un valore di 1 miliardo di dollari,

ma al momento in cui scriviamo è di soli 400 milioni di dollari.

Inoltre, il team recupererà 371 milioni di UST immagazzinati (avvolti) su Ethereum (ETH) e li riporterà a Terra per la successiva distruzione. Ciò significa che verranno distrutti in totale quasi 1,4 miliardi di UST, circa l'11% dell'offerta totale.

Infine, TerraForm Labs sta per vincolare 240 milioni di token LUNA per proteggere la rete Terra. Poiché il tasso di cambio è crollato così tanto, aumentano le possibilità che qualcuno possa acquistare un'enorme quantità di LUNA per effettuare un cosiddetto attacco al 51%. Questa persona potrebbe quindi prendere temporaneamente il controllo della rete, ma i LUNA ridotti al lumicino dovrebbero impedirlo.

La risposta alle proposte è molto scettica, ma la paura è ormai consolidata. In effetti, il panico è così grande che altre monete stabili stanno diventando leggermente instabili. Ad esempio, le persone stanno vendendo USDT in cambio di USDC.

La SEC sta indagando su Terra?

Non è da escludere che la Securities & Exchange Commission (SEC) degli Stati Uniti non sia contenta della saga che circonda Terra (LUNA) e la stablecoin UST. Infatti, due ex avvocati della SEC hanno riferito a The Block Research che molto probabilmente la SEC ha già avviato un'indagine su Terraform Labs.

La SEC indaga su LUNA

Philip Moutakis, ex avvocato dell'agenzia di regolamentazione statunitense, ha rivelato oggi che presume che la SEC abbia già avviato un'indagine su Terraform Labs. Secondo lui, è ovvio che la SEC non è stata inattiva negli ultimi giorni, soprattutto perché ha già avviato un'indagine su Mirror Protocol.

Il fondatore di Terraform Labs, Do Kwon, era anche l'uomo dietro al Protocollo Mirror.

"La SEC è già sul posto, sta indagando sul Mirror Protocol", ha detto Kwon.

Tuttavia, un portavoce della SEC ha rifiutato di commentare un'eventuale indagine su Terraform Labs e UST. Secondo il portavoce, la SEC non è in grado di dire se sia in corso un'indagine, ma non è nemmeno in grado di dire che non lo sia. In altre parole, non è chiaro.

Regolamento delle Stablecoin

Le monete stabili sono da tempo una spina nel fianco delle autorità di regolamentazione di tutto il mondo e la

SEC non è da meno. L'anno scorso, il presidente della SEC, Gary Gensler, ha definito le stablecoin "fiches da poker". Un quadro normativo per le stablecoin è in cantiere da tempo e forse la scomparsa dell'UST accelererà il processo.

Do Kwon, il 21 aprile di quest'anno, ha commentato il fatto che secondo la SEC le stablecoin potrebbero essere considerate alla stregua di titoli. Secondo lui, questa nozione è del tutto insensata. Philip Moutakis, tuttavia, sostiene che non è così semplice:

"Anche se c'è da chiedersi se l'UST sia un titolo", ha continuato Moustakis, "anche se la stablecoin, così come è stata progettata, può essere sfuggita all'applicazione delle leggi federali sui titoli, le transazioni successive possono riportare la stablecoin sotto la giurisdizione della SEC".

Problemi di Stablecoin?

Gli ultimi giorni sono stati dominati dal crollo completo di Terra (LUNA) e della sua stablecoin associata UST. UST ha perso l'aggancio al dollaro USA e di conseguenza il prezzo di LUNA è crollato di oltre il 99%. Immediatamente, le persone hanno iniziato a preoccuparsi di altre stablecoin. Per lo shock di molti investitori di criptovalute, anche il valore di Tether (USDT) è sceso oggi sotto 1 dollaro.

Tether sotto 1 dollaro
Il crollo di LUNA e UST ha avuto un forte impatto sul mercato delle criptovalute. Ieri è stata una giornata di fuoco e la maggior parte delle criptovalute è scesa a due cifre. Persino il bitcoin (BTC) non è riuscito a resistere ed è sceso sotto i 29.000 dollari. Una debacle simile per la più grande stablecoin, Tether, potrebbe gettare un po' di olio sul fuoco.

Al momento in cui scriviamo, Tether è scambiato sulla maggior parte dei principali exchange, come Binance, a meno di 1 dollaro. Sebbene gli investitori in criptovalute non stiano ovviamente aspettando questo risultato dopo la giornata di ieri, è troppo presto per dire che qualcosa stia realmente accadendo. Infatti, Tether è ora scambiato a circa 0,98 dollari, con un minimo di 0,956 dollari su FTX. Non è certo un dollaro, ma non si può ancora dire che Tether abbia sostanzialmente perso l'aggancio al dollaro americano.

"Tutto procede normalmente".

Il CTO di Tether, Paolo Ardoino, ha rivelato su Twitter il motivo dell'attuale valore di Tether. Secondo lui, non c'è nulla di sbagliato e Tether sta semplicemente elaborando "riscatti di USDT". Quindi, se dobbiamo credere ad Ardoino, il panico che circonda Tether non è altro che paura, incertezza e dubbio (FUD).

Ardoino ha anche informato The Block Research che al momento non c'è nulla di cui gli investitori debbano preoccuparsi:

"Tether continua a processare normalmente i riscatti, nonostante il panico di mercato previsto dopo il mercato di ieri. Nonostante ciò, Tether non ha rifiutato e non rifiuterà i riscatti ai suoi clienti verificati, come è sempre stata la sua prassi. Solo nelle ultime 24 ore, Tether ha onorato più di 300 milioni di riscatti di USDt e ne sta già processando un altro miliardo oggi senza alcun problema".

Le monete stabili contro l'UE?

Se si guarda a ciò che è disponibile nel mondo delle criptovalute in termini di monete stabili, non è molto. A parte alcune monete stabili che copiano il valore dell'oro o dell'argento, esistono quasi solo monete stabili sul dollaro americano. Se state leggendo queste righe, probabilmente preferite usare l'euro, ma è difficile ottenere le stablecoin in dollari. La Commissione europea dà ora l'impressione che questa situazione continuerà.

La risposta è NO alle monete stabili in dollari di grandi dimensioni
È quanto scrive CoinDesk, che sostiene di aver visto un rapporto sulla regolamentazione delle monete stabili. La ricerca proviene dalla Commissione europea, ma non è ancora stata pubblicata. Si tratta di un cosiddetto "non-paper", che non rappresenta la posizione ufficiale della Commissione. In questo modo, presumibilmente, cerca di promuovere la discussione, che dovrebbe portare a una migliore regolamentazione. CoinDesk ha parlato con due persone che hanno confermato il contenuto del rapporto.

Secondo CoinDesk, le euro-stablecoin, che non provengono dalla Banca centrale europea (BCE), non sono state vietate del tutto. La Commissione intende invece limitare gli emittenti di stablecoin a un massimo di 1 milione di transazioni al giorno. Il giornale crittografico sostiene che il valore di mercato non dovrebbe superare i 200 milioni di euro.

Il motivo della decisione

Naturalmente, la relazione potrebbe avere come scopo non solo quello di stimolare le discussioni. Potrebbe anche essere che la commissione stia indicando con questo che non vuole le grandi monete stabili. Per il momento gli Stati Uniti sembrano consentire queste monete stabili. Attualmente, tether (USDT) è ancora la più grande stablecoin con un valore di mercato di circa 82 miliardi di dollari. Si tratta di un valore di gran lunga superiore al limite teorico di 200 milioni di euro.

Una variante di dollari così grande significherebbe perdere la faccia per la BCE. La BCE, ovviamente, emette i dollari e vuole avere il controllo dei dollari stessi. Anche se una stablecoin ha un collaterale con la stessa quantità di euro, questo potrebbe ridurre l'influenza della BCE.

L'Europa sta pianificando l'implementazione di una normativa sui mercati degli asset crittografici (MiCA). Il fiasco di TerraUSD (UST) e terra (LUNA) potrebbe potenzialmente aggiungere pressione a questo processo. Il fiasco indica perché alcuni regolatori vogliono regolamentare le stablecoin. Sono in corso anche discussioni sulla regolamentazione dei servizi basati sulle criptovalute come prodotti bancari.

Dogecoin o Ethereum, cosa sta succedendo?

Secondo un recente sondaggio di TRG Datacenters, Ethereum (ETH) è la criptovaluta "più odiata" su Twitter. Dogecoin (DOGE), invece, è la criptovaluta più apprezzata sulla piattaforma di social media.

TRG Datacenters ha analizzato i post su Twitter tra gennaio 2021 e gennaio 2022 per scoprire quali criptovalute hanno suscitato le reazioni più emotive. Tuttavia, lo studio ha preso in esame solo cinque criptovalute: bitcoin (BTC), ethereum (ETH), litecoin (LTC), cardano (ADA) e dogecoin (DOGE).

Ethereum la criptovaluta più odiata
I risultati della ricerca mostrano che Ethereum ha ricevuto relativamente il maggior numero di Tweet negativi lo scorso anno, ovvero il 29% del totale. Ethereum viene criticato soprattutto per la sua velocità (rispetto ai nuovi "Ethereum killer") e per gli alti costi di transazione.

Un aumento della negatività nei confronti di Ethereum è solitamente accompagnato da un aumento del suo prezzo. Secondo lo studio, ciò significa che alcune persone non vogliono che Ethereum abbia successo. Inoltre, l'anno scorso un hard fork involontario ha portato a un aumento del sentiment negativo.

Il Bitcoin ha seguito a ruota con il sentimento più negativo, rappresentando il 27% di tutti i tweet. Il

Bitcoin è ancora di gran lunga la criptovaluta più discussa su Twitter. Seguono Cardano con il 16% dei tweet negativi e Litecoin con l'8%.

Dogecoin la criptovaluta più apprezzata

Dogecoin ha ricevuto solo il 6% di segnalazioni negative, risultando così la criptovaluta più apprezzata, anche se questo dato è alquanto curioso. Dopotutto, DOGE è una criptovaluta controversa che è nata come uno scherzo. Gran parte della comunità crittografica non è stata affatto contenta quando l'amministratore delegato di Tesla Elon Musk ha twittato soprattutto su questa criptovaluta.

Secondo lo studio, i post di Musk potrebbero essere il motivo per cui la dogecoin è la preferita sulla piattaforma di social media. Musk, nel frattempo, vuole acquisire Twitter per ben 44 miliardi di dollari. Il picco del sentimento positivo nei confronti della dogecoin è stato raggiunto quando Musk ha annunciato che Tesla sta accettando DOGE per le merci.

Tuttavia, dovremmo prendere questo sondaggio con un granello di sale, dal momento che ha preso in considerazione solo cinque criptovalute. È molto probabile che anche cripto più controverse come ripple (XRP) ricevano un sentimento negativo. Da un nuovo sondaggio, terra (LUNA) potrebbe attualmente occupare il primo posto come cripto più odiata.

Perché USDT sta crollando?

Gli ultimi giorni sono stati dominati dal crollo completo di Terra (LUNA) e della sua stablecoin associata UST. UST ha perso l'aggancio al dollaro USA e di conseguenza il prezzo di LUNA è crollato di oltre il 99%. Immediatamente, le persone hanno iniziato a preoccuparsi di altre stablecoin. Per lo shock di molti investitori di criptovalute, anche il valore di Tether (USDT) è sceso oggi sotto 1 dollaro.

Tether sotto 1 dollaro
Il crollo di LUNA e UST ha avuto un forte impatto sul mercato delle criptovalute. Ieri è stata una giornata di fuoco e la maggior parte delle criptovalute è scesa a due cifre. Persino il bitcoin (BTC) non è riuscito a resistere ed è sceso sotto i 29.000 dollari. Una debacle simile per la più grande stablecoin, Tether, potrebbe gettare un po' di olio sul fuoco.

Al momento in cui scriviamo, Tether è scambiato sulla maggior parte dei principali exchange, come Binance, a meno di 1 dollaro. Sebbene gli investitori in criptovalute non stiano ovviamente aspettando questo risultato dopo la giornata di ieri, è troppo presto per dire che qualcosa stia realmente accadendo. Infatti, Tether è ora scambiato a circa 0,98 dollari, con un minimo di 0,956 dollari su FTX. Non è certo 1 dollaro, ma non si può ancora dire che Tether abbia sostanzialmente perso l'aggancio al dollaro americano.

"Tutto procede normalmente".

Il CTO di Tether, Paolo Ardoino, ha rivelato su Twitter il motivo dell'attuale valore di Tether. Secondo lui, non c'è nulla di sbagliato e Tether sta semplicemente elaborando "riscatti di USDT". Quindi, se dobbiamo credere ad Ardoino, il panico che circonda Tether non è altro che paura, incertezza e dubbio (FUD).

Ardoino ha anche informato The Block Research che al momento non c'è nulla di cui gli investitori debbano preoccuparsi:

"Tether continua a processare normalmente i riscatti, nonostante il panico di mercato previsto dopo il mercato di ieri. Nonostante ciò, Tether non ha rifiutato e non rifiuterà i riscatti ai suoi clienti verificati, come è sempre stata la sua prassi. Solo nelle ultime 24 ore, Tether ha onorato più di 300 milioni di riscatti di USDt e ne sta già processando un altro miliardo oggi senza alcun problema".

Il mercato delle criptovalute è già stato un vero e proprio bagno di sangue, ma a quanto pare non è stato questo il peggio. I prezzi delle criptovalute stanno subendo un'altra grande caduta e questa volta le altcoin stanno scendendo molto più duramente del bitcoin (BTC). Questo periodo è uno dei più profondi da molto tempo a questa parte e la capitalizzazione di mercato totale di tutte le criptovalute è scesa del 14% a 1,23 trilioni di dollari.

Ethereum scende del 20%

Ethereum (ETH) è sembrato recuperare brevemente fino a 2.400 dollari ieri mattina, ma poi è sceso insieme al bitcoin dopo la pubblicazione dell'indice dei prezzi al consumo degli Stati Uniti. Oggi l'Ether è crollato fino a 1.775 dollari, addirittura al di sotto del livello dell'estate scorsa. Tuttavia, l'ETH ha fatto un piccolo rimbalzo fino a 1.900 dollari, ma oggi è ancora in calo del 20%.

TRON regge un po' meglio

L'elenco delle 10 maggiori altcoin (escluse le stablecoin) appare oggi leggermente diverso per la prima volta da mesi. Tron (TRX) rientra in questa lista e ha resistito meglio nelle ultime 24 ore. Tuttavia, il prezzo di TRX è sceso del 6% e ora si trova a 0,7 dollari.

BNB, XRP, DOT, DOGE, AVAX crollano bruscamente
La moneta di Binance (BNB) fa un piccolo rimbalzo verso i 250 dollari, ma oggi è ancora in calo del 19%. Ripple

(XRP) è già sceso del 27% a 0,37 dollari. Polkadot (DOT) è in calo del 25% e attualmente si aggira sugli 8 dollari. Dogecoin (DOGE) è in calo del 28% e chiude a 0,076 dollari. Avalanche (AVAX) è in ribasso del 26,5% e si trova a 28 dollari.

SOL, ADA, SHIB scendono di oltre il 30%.
Solana (SOL) è in calo di ben il 31% e si attesta a 43,8 dollari. Cardano (ADA) è già in rosso del 32% e scende a 0,44 dollari. Shiba inu (SHIB) è in calo del 31% e scende a 0,00001 dollari, con una capitalizzazione di mercato inferiore a quella di Tron.

La top 100 delle criptovalute con le maggiori perdite
Anche aave (AAVE), waves (WAVES), neo (NEO), enjin (ENJ), dash (DASH), pancakeswap (CAKE) e near (NEAR) sono in calo del 30% circa oggi. Per internet computer (ICP), decentraland (MANA) e thorchain (RUNE), la percentuale è del 31%. Arweave (AR), zilliqa (ZIL) e polygon (MATIC) sono in calo del 32% circa. Theta fuel (TFUEL) e convex finance (CVX) sono in calo del 37%. Stepn (GMT) è in calo del 38%, graph (GRT) del 41% e fantom (FTM) del 43%. eCash è in calo di ben il 48%.

È un altro periodo molto rosso per il mercato delle criptovalute e il bitcoin (BTC) continua a scendere. Il prezzo era già in discesa a causa dei forti timori dei mercati finanziari tradizionali, ma l'incidente di Terra (LUNA) sta causando colpi ancora più pesanti.

Il prezzo del Bitcoin scende del 10%

Una settimana fa, poco dopo la riunione del FOMC, il prezzo del bitcoin era ancora vicino ai 40.000 dollari. Nella mattinata di ieri, il bitcoin è crollato fino a 30.000 dollari, ma all'inizio sembrava che si mantenesse lì. Il bitcoin ha poi recuperato verso i 32.000 dollari, ma non è riuscito a superarli nel pomeriggio di ieri.

Poi sono stati pubblicati i dati sull'indice dei prezzi al consumo (CPI) negli Stati Uniti. All'inizio della settimana avevamo già avvertito che la pubblicazione di questi dati avrebbe potuto causare ulteriore volatilità. Il Bitcoin è quindi sceso sotto i 30.000 dollari per la prima volta dall'estate scorsa.

Tuttavia, il bitcoin ha subito effettuato un piccolo rimbalzo e ha recuperato leggermente, ma il prezzo non ha superato i 31.650 dollari e ha ricominciato a scendere. A mezzanotte, il bitcoin ha trovato un breve supporto intorno ai 29.000 dollari e ha recuperato leggermente, ma anche questo è stato di breve durata.

Il Bitcoin è poi crollato ancora di più e questa mattina è sceso addirittura sotto i 27.000 dollari, toccando un minimo di 26.600 dollari. Si tratta del prezzo più basso del BTC dalla fine del 2020. Al momento della scrittura, il Bitcoin sta rimbalzando verso 28.000 dollari su KuCoin e 26.550 dollari su Bitvavo. Il Bitcoin è quindi ancora in calo del 10% oggi e del 30% rispetto a una settimana fa.

Panico, liquidazione, capitolazione e disconnessione di BTC

Ciò significa che solo gli investitori che hanno acquistato i loro BTC più di due anni fa sono ancora in attivo.

Il livello di 27.000 dollari è stato visto come un possibile punto di arrivo di questa tendenza al ribasso. Al di fuori del calo a 26.600 dollari, questo limite sta ancora resistendo. Tuttavia, la possibilità che il bitcoin possa invertire la tendenza è molto incerta. La paura e il panico rimangono alti e potremmo dover fare i conti con un ulteriore calo fino al limite successivo, intorno ai 24.000 dollari. Gli analisti temono già un calo a 20.000 dollari.

Lunedì 9th maggio, il prezzo della stablecoin UST di Terra è crollato. TerraUSD (UST) non è in grado di mantenere il suo "peg" (legame) con il dollaro statunitense. Le riserve valutarie di Terra non erano più sufficienti a mantenere il suo valore uguale a quello del dollaro. Janet Yellen, il Segretario del Tesoro degli Stati Uniti, ha approfittato subito della situazione.

Le normative sulle Stablecoin sono più importanti che mai
Il Financial Stability Oversight Council (FSOC) degli Stati Uniti ha tenuto una conferenza stampa in cui la Yellen ha parlato insieme a Jerome Powell (Federal Reserve) e Gary Gensler (SEC). La Yellen ha colto l'occasione per dare il benvenuto alle stablecoin. Secondo la Yellen, le monete stabili devono essere regolamentate rapidamente. A suo avviso, la mancanza di regolamentazione delle stablecoin rappresenta una minaccia per il sistema finanziario.

Il ministro ritiene che sarebbe "molto appropriato" poter iniziare a regolamentare le stablecoin entro la fine di quest'anno. Vuole un quadro normativo per le stablecoin a causa del massiccio crollo degli UST. La conferenza stampa parla anche di come le stablecoin potrebbero essere regolamentate allo stesso modo dei fondi del mercato monetario e dei depositi bancari. Questi ultimi sono soggetti a requisiti di garanzia e di liquidità. Inoltre, sono previsti limiti al prelievo e al deposito di denaro nei fondi del mercato monetario e nei conti bancari. In questo modo si può evitare che il massiccio spostamento di valute eserciti una pressione eccessiva sul sistema finanziario. Tali misure sono ora assenti negli Stati Uniti per quanto riguarda le monete stabili.

Oltre alla Yellen, hanno parlato anche politici come il senatore Pat Toomey, che di solito è molto positivo sulle criptovalute e difende i piccoli investitori.

Il fiasco finanziario di TerraUSD (UST)
La conferenza stampa è avvenuta subito dopo che la stablecoin TerraUSD (UST) ha subito un forte ribasso. Oggi, il token è sceso ulteriormente rispetto al dollaro normale. Al momento in cui scriviamo, il prezzo è sceso a poco meno di 30 centesimi.

A differenza, ad esempio, della USDC stablecoin, che utilizza le riserve di dollari presso le banche statunitensi, la UST si basa su algoritmi che monitorano la stabilità. All'inizio di questo mese, l'organizzazione che sta dietro a stablecoin ha messo in bilancio bitcoin (BTC) come garanzia. Il suo valore è sceso così tanto che il valore di UST non può più essere garantito.

33

L'ETF Bitcoin parte in Australia?

Nell'aprile del 2022, gli appassionati di criptovalute australiani hanno ricevuto una notizia positiva sul bitcoin. Infatti, l'autorità di regolamentazione finanziaria del Paese ha approvato il primo fondo negoziato in borsa (ETF) sul bitcoin. Gli ETF sono fondi negoziati in borsa. Un primo ETF sul bitcoin in Australia era atteso da tempo e per di più con impazienza. Ad oggi, tre ETF di criptovalute sono negoziabili, ma l'avvio è stato estremamente lento. Ciò ha a che fare con il crollo delle criptovalute in cui ci troviamo.

Il volume di scambi è molto al di sotto del miliardo di dollari inizialmente previsto. Ciò è direttamente collegato al fatto che il bitcoin si trova al punto più basso dal 2020. L'estrema volatilità sta facendo sì che gli investitori non siano così entusiasti di un ETF sul bitcoin come si sperava il mese scorso.

ETF Bitcoin in Australia.
I tre fondi di criptovalute che sono entrati in funzione oggi in Australia sono il 21Shares bitcoin (BTC) ETF, il loro Ethereum (ETH) ETF e il Cosmos Purpose bitcoin ETF. L'ETF Cosmos ha visto un volume di scambi di 400.000 dollari convertiti nella prima ora. L'ETF bitcoin di 21Shares può vantare numeri simili. L'ETF Ethereum non ha superato i 150.000 dollari nello stesso lasso di tempo. Numeri magri, dunque, che non corrispondono alle aspettative iniziali.

Anche il CEO di Cosmos Asset Management, Dan Annan, capisce e vede che gli investitori sono piuttosto cauti al momento. Tuttavia, Annan è fiducioso per il lungo termine:

"Gli investitori con una visione di lungo termine in termini di esposizione al Bitcoin e alle criptovalute capiranno che questa è una buona opportunità per un punto di ingresso. Pertanto, speriamo di vedere un aumento dei volumi nei prossimi giorni".

Per rendere il trading un po' più attraente e nella speranza di incrementare i volumi, Cosmos ha deciso di non addebitare alcuna commissione di trading per i primi due mesi. Tra l'altro, questa decisione è anche in parte dovuta alla leggera frustrazione degli investitori. Dopo tutto, l'ETF sul bitcoin avrebbe dovuto essere operativo due settimane fa, ma è stato inaspettatamente ritardato.

Il Bitcoin è protetto dalla legge in Cina?

L'anno scorso, il governo cinese ha deciso di vietare il trading di criptovalute, come ovviamente il bitcoin (BTC), ai cittadini comuni. Le conseguenze per l'industria delle criptovalute sono state notevoli e la maggior parte delle società di criptovalute ha lasciato il Paese. Di recente, tuttavia, è accaduto qualcosa di notevole. L'Alta Corte di Shanghai ha stabilito che il bitcoin ha un valore economico ed è quindi protetto dalla legge.

Bitcoin in Cina

Lo si è saputo dopo che il tribunale ha condiviso una nota sulla popolare piattaforma di chat WeChat, riporta Bitcoin.com. È la prima volta che un tribunale cinese si pronuncia sul bitcoin da quando il governo cinese ha introdotto il divieto un anno fa. Il divieto era stato introdotto all'epoca con l'obiettivo di garantire la stabilità finanziaria della Cina. La sentenza del tribunale recita come segue:

"Nella pratica processuale effettiva, la Corte del Popolo si è formata un'opinione unanime sullo status giuridico del bitcoin, identificandolo come proprietà virtuale [...] Il bitcoin ha un certo valore economico e in conformità con le proprietà della proprietà, la norma giuridica del diritto di proprietà viene applicata per la protezione".

Implicazioni per il divieto

Ora, naturalmente, resta da vedere come il governo e l'industria delle criptovalute reagiranno a questa sentenza monumentale. Secondo un avvocato di Pechino, Liu Yang, è possibile che questa sentenza venga citata in futuri casi di bitcoin e altre criptovalute nella regione di Shanghai.

Quindi, anche se non c'è certamente una fine in vista per il divieto di bitcoin in Cina, questo dimostra che forse il controverso divieto è in violazione della legge cinese.

In sostanza, la sentenza afferma che il bitcoin non avrebbe dovuto essere vietato del tutto. Dopo tutto, è protetto dalla legge. Resta da vedere se il governo cinese se ne preoccupa. Inoltre, anche i tribunali superiori possono ribaltare la sentenza del tribunale di Shanghai.

Truffatore di criptovalute condannato al carcere

Il Dipartimento di Giustizia degli Stati Uniti (DOJ) ha recentemente annunciato che il 25enne trader di criptovalute Jeremy Spence è stato arrestato per aver truffato più di 170 persone. Spence è stato condannato a una pena detentiva di 42 mesi. Spence aveva avviato un fondo di criptovalute e aveva detto ai suoi investitori che il fondo aveva ottenuto un elevato profitto, ma non era affatto così.

Spence gestiva gli account dei social media del fondo di investimento, chiamato Coin Signals. Ha dovuto comparire davanti a un giudice dello Stato di New York e ha confessato la sua colpa. Spence ha inoltre ricevuto tre anni di libertà vigilata e deve pagare un risarcimento di oltre 2,8 milioni di dollari alle sue vittime.

Schema piramidale di criptovalute
Spence aveva avviato il fondo con l'obiettivo di far guadagnare i suoi investitori. Tuttavia, le cose non sono andate del tutto secondo i piani e il fondo ha registrato solo perdite. Nel tentativo di nascondere le perdite ai suoi investitori, Spence ha creato dei conti falsi. Con le entrate dei nuovi investitori, pagava i vecchi investitori. Questo ha fatto sì che il fondo assomigliasse un po' a uno schema piramidale. Circa 2 milioni di dollari di criptovalute sono andati in giro in questo modo.

Ad esempio, il gestore venticinquenne ha dichiarato nel gruppo di chat online del fondo che il fondo aveva

ottenuto un profitto del 148%, anche se in realtà non
era affatto così.

Arrestato dall'FBI
Il truffatore è stato infine catturato nel gennaio 2021
dal Federal Bureau of Investigation (FBI). Anche la
Commodity Futures Trading Commission (CFTC) ha
sporto denuncia civile.

Spence si è dichiarato colpevole nel novembre 2021 ed
è stato riconosciuto colpevole di frode sulle materie
prime per aver rubato 5 milioni di dollari a
inconsapevoli investitori di criptovalute dal novembre
2017 all'aprile 2019. Nel farlo, ha fatto false promesse
di ottenere un profitto quando in realtà era in perdita.

Tuttavia, in tribunale ha espresso rammarico per le sue
azioni e si è scusato. Ha detto di essere "entrato in un
mondo per il quale [era] totalmente impreparato".

ApeCoin è la criptovaluta associata all'ecosistema Bored
Ape Yacht Club, tra gli altri. ApeCoin rientra nella
categoria delle memecoin, che in genere presentano
una maggiore volatilità rispetto al resto del mercato.

ApeCoin (APE) recupera

Il declino prima della ripresa

Soprattutto se paragonata a monete più grandi come bitcoin ed ether. Questa settimana è stata volatile per APE, che l'11 maggio ha perso l'81% del suo valore in un breve periodo di tempo. Il prezzo di ApeCoin è sceso da circa 11 dollari a 5 dollari in quel giorno.

Tuttavia, da allora il prezzo si è ripreso parecchio e ApeCoin è scambiato a circa 9 dollari. Si tratta di un recupero impressionante, ma non fa ben sperare che il progetto possa cedere più dell'80% del suo valore in un solo giorno.

L'impressionante rimbalzo di ApeCoin

Il 12 maggio, ApeCoin ha già recuperato quasi il 45% a 7,30 dollari e l'ottimismo è tornato cautamente nella comunità. Nel frattempo, il ripristino della fiducia sarà completo con il rimbalzo a $9. Tuttavia, questo lascia ApeCoin ancora lontano dal massimo storico di $27,50 raggiunto il 28 aprile di quest'anno.

Il movimento a zig-zag del prezzo di ApeCoin sembrava seguire ampiamente il resto del mercato. A seguito del crollo degli UST e dell'ecosistema Terra, la fiducia nel mercato ha subito un duro colpo. Questo ha causato un enorme caos nel mercato e anche ApeCoin non è riuscita a sfuggire a questo sentimento. Inoltre, la Federal Reserve degli Stati Uniti, la principale banca centrale del mondo, continua a essere piuttosto falco.

Falso significa che stanno cercando un modo per domare l'inflazione e prevedono, tra le altre cose, di aumentare i tassi di interesse. Nell'ultima riunione del FOMC, il presidente Jerome Powell ha annunciato l'intenzione di aumentare nuovamente i tassi di interesse dello 0,5% almeno per le prossime due riunioni. Tuttavia, non si tratta di una certezza, perché Powell ha dichiarato di voler reagire dinamicamente a qualsiasi cambiamento delle circostanze.

9,63 dollari possibile resistenza principale
Al momento, il tempo è brevemente favorevole all'ecosistema Ape e il prezzo di ApeCoin ha il vento in poppa. Tuttavia, c'è un'importante resistenza a 9,63 dollari, in quanto è lì che si trova la linea di Fibonacci 0,618. Intorno a questo punto il prezzo ha fallito anche oggi. C'è la possibilità che il prezzo continui a muoversi verso quel prezzo e che incontri resistenza in quel punto.

Se ApeCoin riesce a sfondare, la strada verso un prezzo più alto è aperta. Tuttavia, tutto dipende dal resto del mercato. Infatti, come per molte altre altcoin, il prezzo di ApeCoin mostra un'elevata correlazione con il prezzo del bitcoin. Se il bitcoin è in difficoltà, è poco probabile che monete come ApeCoin salgano alle stelle. Il Bitcoin, a sua volta, dipende dall'imprevedibile contesto macroeconomico in cui ci troviamo attualmente. La probabilità di ulteriori aumenti dei tassi d'interesse, l'inflazione elevata e le turbolenze geopolitiche non sono generalmente positive per gli investimenti.

Warren Buffet riceve bitcoin gratis?

La leggenda degli investimenti Warren Buffet, ormai novantenne e noto come grande oppositore del bitcoin, ha un investimento indiretto in bitcoin a suo nome. Infatti, la Berkshire Hathaway, la società di investimenti di Buffet, ha un'importante posizione nella brasiliana Nubank, che ha deciso di investire l'1% delle sue riserve in bitcoin.

Resta da vedere quanto Buffet sia contento di questa notizia, visto che una volta ha definito il bitcoin veleno per topi al quadrato. Nel 2021, Berkshire Hathaway ha investito 1 miliardo di dollari (950 milioni di euro) in Nubank. Con questo, Buffet ora possiede indirettamente il bitcoin. Tuttavia, non può essere una grande sorpresa per Buffet e compagni, dato che Nubank è nota come una banca favorevole ai bitcoin.

La dichiarazione di Nubank

Nubank afferma che questo serve a rafforzare la convinzione dell'azienda sul potenziale attuale e futuro del bitcoin. La banca brasiliana utilizza il servizio di Paxos per offrire ai clienti la possibilità di acquistare bitcoin. Di conseguenza, i clienti di Nubank non possono inviare i loro bitcoin dalla piattaforma al proprio portafoglio.

Tuttavia, la banca prevede di aggiungere questa opzione in futuro. Al momento questa opzione è ancora in fase di test, e solo una piccola percentuale dei clienti della banca ne dispone già. Nubank prevede di aggiungere l'opzione di inviare bitcoin a un portafoglio privato per tutti i clienti nei prossimi mesi. Fino ad allora, la maggior parte dei clienti di Nubank è costretta a tenere i propri bitcoin all'interno di Nubank.

Il Bitcoin è il più forte

Il motivo per cui Nubank ha scelto il bitcoin come attività di riserva nel suo bilancio è la quota di mercato del bitcoin. La più grande criptovaluta detiene ancora il 40% del mercato ed è quindi considerata l'opzione più sicura che le criptovalute possano offrire. Con l'investimento, Nubank cerca di affermarsi definitivamente come banca favorevole ai bitcoin. Oltre ad acquistare bitcoin attraverso la normale piattaforma di trading, i clienti possono anche investire nell'ETF brasiliano sul bitcoin.

Momento doloroso per Warren Buffet?

Resta da vedere fino a che punto Warren Buffet fosse a conoscenza di questi piani. Dopotutto, non molto tempo fa l'esperto investitore di successo gridava ancora che non avrebbe comprato tutti i bitcoin del mondo per 25 dollari e che il bitcoin non ha valore. Un importante investimento della Berkshire Hathaway non condivide evidentemente questa opinione con Buffet e sta invece scommettendo sempre di più sul bitcoin.

Le azioni di Nubank sono in vendita, tra l'altro, alla Borsa di New York e il mercato sembra almeno soddisfatto dell'investimento in bitcoin della banca. Tale soddisfazione non si baserà sull'attuale andamento della quotazione del bitcoin, che può essere definita

43

piuttosto drammatica. Dopo il dramma di Terra, il
prezzo del bitcoin è ora sceso a poco più di 26.000 euro.

Nuova difficoltà per il mining di bitcoin?

I minatori di Bitcoin (BTC) probabilmente noteranno il crollo del bitcoin nel prossimo futuro. Infatti, la difficoltà della rete è stata regolata ieri a un livello record. In breve, il mining di BTC non è mai stato così difficile, mentre il prezzo è così crollato.

Difficoltà di Bitcoin da registrare

Dal luglio 2021, la potenza di calcolo della rete Bitcoin ha registrato un'evidente tendenza all'aumento. Poco prima la difficoltà di calcolo ha subito un duro colpo dopo che la Cina ha imposto un divieto di mining. In seguito, un numero sempre maggiore di minatori provenienti da altre parti del mondo si è unito alla rete dopo che è diventato chiaro che può essere un'attività piuttosto redditizia. E nell'ultimo anno, questa attrazione è stata dovuta principalmente all'aumento del prezzo del bitcoin.

Per garantire che in media un blocco di transazioni venga aggiunto alla blockchain ogni 10 minuti, la rete si equilibra automaticamente utilizzando la regolazione della difficoltà. Questo aggiustamento avviene ogni 2.016 blocchi. Se il tempo di blocco durante questo periodo è stato in media inferiore a 10 minuti, la difficoltà viene aumentata. In questo modo, il lavoro dei minatori diventa più difficile e i tempi di blocco dovrebbero tornare a 10 minuti.

Dopo la costante tendenza all'aumento della potenza di calcolo, che ha raggiunto un record anche all'inizio di maggio, ieri la difficoltà è aumentata del 4,9%. Per i minatori non è mai stato così difficile estrarre bitcoin!

I minatori soffriranno dopo il crollo del bitcoin
Sebbene ciò indichi che la rete è estremamente sicura, è possibile che i minatori di BTC abbiano difficoltà. Con il calo del prezzo del bitcoin, il mining sta diventando sempre meno redditizio.

È quindi probabile che l'hashrate inizi a diminuire nel prossimo futuro. Questa diminuzione renderà ovviamente più facile estrarre bitcoin, poiché anche la difficoltà diminuirà.

Il futuro del bitcoin in Brasile

Nubank, la più grande banca brasiliana, ha annunciato l'11 maggio che darà ai suoi clienti la possibilità di negoziare bitcoin (BTC) ed ethereum (ETH). La banca ha indicato che i clienti potranno negoziare queste due criptovalute per un minimo di 1 real brasiliano. In precedenza, i clienti potevano già investire in criptovalute presso questa banca, ma potevano farlo solo tramite fondi negoziati in borsa (ETF).

Forte crescita di popolarità di BTC e ETH
David Vélez, CEO e co-fondatore di Nubank, ha affermato che le criptovalute hanno registrato una forte crescita di popolarità. Inoltre, ha affermato che le criptovalute possono cambiare il mondo.

Nubank è la più grande banca fintech dell'America Latina. Questa banca funziona solo come banca online e offre molti prodotti e servizi innovativi. La banca opera all'interno di diverse società, e soggetti come Sequoia Capital e Berkshire Hathaway investono in Nubank.

I clienti non devono creare un conto speciale, ma possono semplicemente utilizzare il loro conto corrente per acquistare queste criptovalute. Questo è un grande vantaggio, in quanto garantisce agli utenti di entrare più facilmente nel mercato.

Le criptovalute sono molto popolari in America Latina. Alcuni Paesi consentono più di altri questo settore, ma possiamo vedere chiaramente che sempre più banche stanno abbracciando le criptovalute.

Il buon tempismo di Nubank

In alternativa, la decisione della banca potrebbe essere arrivata nel momento sbagliato. Il prezzo del bitcoin ha subito una forte correzione negli ultimi giorni, toccando addirittura i 26.700 dollari, mentre l'ethereum è sceso fino a un minimo di 1.700 dollari.

Attualmente non è un buon momento per il lancio di prodotti o servizi legati alle criptovalute. Un altro prodotto che apparirà sul mercato è il primo ETF australiano sui bitcoin. Questo ETF verrà lanciato sul mercato il 12 maggio.

Tasse sui BTC in Germania

Il mercato delle criptovalute è in emorragia, ma gli sviluppi del settore continuano! In Germania è ormai chiaro come le criptovalute come bitcoin (BTC) ed ethereum (ETH) vengano trattate dalle autorità fiscali. Si tratta di una notizia particolarmente positiva per i tedeschi.

I tedeschi non dovranno pagare le tasse sui bitcoin dopo 1 anno
Il Ministero delle Finanze tedesco ha recentemente pubblicato le prime linee guida sulla tassazione delle criptovalute. Si tratta di un documento di 24 pagine che tocca tutti i tipi di questioni riguardanti le criptovalute.

Tra le altre cose, questo documento mostra che le persone che investono in bitcoin, ethereum o criptovalute simili non devono pagare le tasse su di essi dopo un anno. I bitcoin venduti dopo un anno non sono quindi soggetti all'imposta sugli utili.

A proposito, questo vale anche per le entrate derivanti dai servizi di staking e di crypto lending. Lo staking è il guadagno passivo di cripto in una rete proof-of-stake (PoS) come Cardano (ADA). In precedenza si era detto che il termine di un anno sarebbe stato esteso a 10 anni una volta che l'investitore avesse utilizzato la cripto all'interno di un servizio di prestito o per fare strike, ma non è così, secondo il Segretario di Stato parlamentare Katja Hessel:

"Per le persone fisiche, la vendita di bitcoin ed ether acquistati è esente da imposte dopo un anno. Il termine non viene esteso a dieci anni se, ad esempio, il bitcoin è stato precedentemente utilizzato per prestiti o se il contribuente ha fornito ether come partecipazione a qualcun altro per creare il suo blocco".

Sviluppo positivo per le criptovalute
Le nuove linee guida sono positive per le criptovalute perché c'è ancora molta ambiguità sul settore. Le criptovalute sono nuove e quindi c'è ancora molto da lavorare. Pertanto, Hessel afferma che questo documento non sarà certamente l'ultimo:

"Naturalmente, l'imminente pubblicazione ufficiale della lettera del BMF non rappresenta la fine della nostra discussione sull'argomento, ma un risultato intermedio. Il rapido sviluppo del 'mondo delle criptovalute' garantisce che non esauriremo gli argomenti. Un'ulteriore lettera sugli obblighi di cooperazione e registrazione è già in corso".

Microstrategia e Bitcoin

MicroStrategy, guidata dal CEO Michael Saylor, è uno dei maggiori detentori di bitcoin (BTC) al mondo. L'azienda ha in bilancio molti miliardi di bitcoin ed è anche quotata in borsa negli Stati Uniti. Gli investitori di MicroStrategy hanno iniziato a preoccuparsi dopo il forte calo del prezzo del bitcoin. Secondo Saylor, tuttavia, l'azienda si troverebbe davvero in difficoltà solo se il bitcoin dovesse crollare fino a circa 3.000 dollari.

Michael Saylors prestiti bitcoin
Soprattutto le posizioni in bitcoin di MicroStrategy, acquistate con un prestito, potrebbero essere a rischio, o almeno così pensavano gli investitori. Di conseguenza, si è diffusa la voce che MicroStrategy sarebbe stata liquidata se il bitcoin fosse sceso a 21.000 dollari, cosa che oggi sarebbe tutt'altro che da escludere.

Questo è motivo di preoccupazione perché la controllata della società, MacroStrategy, ha contratto un prestito di 205 milioni di dollari con la Silvergate Bank nel marzo 2022, utilizzando alcuni dei bitcoin di MicroStrategy come garanzia per il debito. MicroStrategy ha poi utilizzato i proventi per perseguire la strategia BTC della società.

Se il prezzo del BTC scendesse troppo, scatterebbe una richiesta di margini sul prestito di Silvergate perché il valore della garanzia collaterale scenderebbe. Questo è stato uno dei punti centrali della conferenza stampa di maggio, in cui il direttore finanziario della società, Phone Le, ha confermato che la società avrebbe dovuto vendere alcuni bitcoin se il prezzo del BTC fosse sceso sotto i 21.000 dollari.

Prezzo minimo di 3.500 dollari per il BTC

Secondo Saylor, però, non è così semplice. Egli afferma infatti che MicroStrategy detiene oltre 115.000 bitcoin che potrebbe mettere a disposizione come garanzia nel caso in cui il bitcoin scenda a 21.000 dollari.

Solo quando il bitcoin crollerà completamente a 3.562 dollari, MicroStrategy avrà davvero un problema e sarà costretta a vendere le sue partecipazioni in bitcoin. Fortunatamente è ancora lontano e resta da vedere se questo scenario è realistico.

KuCoin vale 10 miliardi di dollari dopo un investimento di 150 milioni di dollari

Approfondimento sul Web 3.0: Portafogli, DeFi, NFT e GameFi

KuCoin prevede di utilizzare il nuovo capitale per espandere ulteriormente i propri servizi e, in particolare, per approfondire il Web 3.0. La borsa investirà, tra l'altro, in portafogli di criptovalute, finanza decentralizzata (DeFi), piattaforme di token non fungibili (NFT) e GameFi. Quest'ultima è una combinazione relativamente nuova di giochi e finanza blockchain.

Il round di finanziamento della Serie B è stato guidato da Jump Crypto e ha visto la partecipazione di diverse società di investimento, tra cui Circle Ventures, IDG Capital e Matrix Partners. Tak Fujishima di Jump Crypto ha dichiarato quanto segue:

"KuCoin offre una piattaforma completa di servizi di criptovaluta a un pubblico globale, e questo è uno dei tanti motivi per cui siamo orgogliosi di guidare questo round. Siamo entusiasti di sostenere l'azienda mentre continua a crescere e ad espandere le sue offerte di trading su futures e margini, prestiti, strike e rendimenti passivi per sostenere la crescita del Web 3.0 e dei mercati delle criptovalute."

Migliorare le prestazioni e la sicurezza di KuCoin. Inoltre, KuCoin utilizzerà parte del nuovo investimento per migliorare il sistema di trading della borsa. Il

53

comunicato stampa parla di un miglioramento delle prestazioni di dieci volte che permetterà alla piattaforma di trading di servire meglio i suoi 18 milioni di clienti. KuCoin prevede anche di migliorare la sicurezza della piattaforma di trading.

"La fiducia di importanti investitori, tra cui Jump Crypto e Circle Ventures, rafforza la nostra visione secondo cui un giorno tutti saranno coinvolti nelle criptovalute. KuCoin è stato costruito per tutte le classi di investitori e crediamo che questi nuovi investitori e partner contribuiranno a rendere KuCoin sinonimo di un gateway sicuro e protetto per il mondo delle criptovalute."

Dice Johnny Lyu, CEO di KuCoin. KuCoin vuole che KCC, la blockchain pubblica costruita dalla comunità di KuCoin, sia una parte centrale di questo ecosistema decentralizzato.

Bitcoin in forte ripresa

Il Bitcoin (BTC) e il mercato delle criptovalute in generale hanno subito un duro colpo negli ultimi giorni. I prezzi erano già in ribasso, ma il fiasco di terra (LUNA) ha portato a un mercato in profondo rosso.

Tuttavia, il bitcoin è riuscito a recuperare nelle ultime 24 ore. Il mercato sta reagendo con un certo sollievo e il sentimento sta diventando cautamente più positivo. Tuttavia, la paura e l'incertezza sono ancora molto alte e il bitcoin potrebbe ancora scendere ulteriormente.

Il prezzo del Bitcoin recupera il 10%
Ieri mattina, 13 maggio, il prezzo del bitcoin ha raggiunto la soglia dei 27.000 dollari. Sebbene il bitcoin abbia prima fatto un'altra discesa verso i 26.600 dollari, e su alcuni scambi anche verso i 25.000 dollari, questo limite intorno ai 27.000 dollari per ora resiste.

Il Bitcoin ha quindi iniziato a salire. Il prezzo ha incontrato una certa resistenza intorno ai 28.000 dollari, ma è riuscito a superarla nel pomeriggio di ieri. Anche i 29.000 dollari hanno offerto una certa resistenza per un po', ma il bitcoin ha superato anche questa nella serata di ieri.

Successivamente, il bitcoin è stato respinto intorno ai 29.800 dollari, ma il prezzo si è mantenuto saldamente al di sopra dei 28.000 dollari ed è poi riuscito a risalire. Il Bitcoin ha raggiunto un picco di 30.885 dollari questa mattina e al momento della scrittura è scambiato a

30.300 dollari su KuCoin e a 29.000 euro su Bitvavo. Il prezzo oggi è salito di ben il 10%.

Gli investitori in Bitcoin cercano di puntare al fondo
È possibile che il bitcoin abbia toccato il fondo intorno ai 27.000 dollari e stia iniziando una ripresa. Il volume sta finalmente iniziando ad aumentare nelle ultime ore, il che potrebbe indicare un ritorno di fiducia.

Tuttavia, ciò è tutt'altro che certo. Per poter parlare di un'inversione di tendenza, il prezzo deve prima uscire da un gap molto profondo. È possibile che il bitcoin si scontri già con una resistenza eccessiva intorno ai 32.000 dollari e che riprenda la sua tendenza al ribasso.

A quel punto potremmo dover fare i conti con un test della soglia dei 24.000 dollari. È da notare che attualmente gli investitori stanno cercando di puntare esattamente al fondo. In questo caso, di solito è praticamente impossibile.

Se state investendo a lungo termine e avete ancora piena fiducia nel bitcoin, allora non fa molta differenza puntare esattamente al fondo. Se invece avete meno fiducia e/o fate trading a breve termine, allora potrebbe essere saggio aspettare prima un segnale più forte di inversione di tendenza. "Non prendere il coltello che cade" è quindi un detto ben noto agli investitori; i prezzi possono sempre scendere più in profondità.

Nel frattempo, il mercato dei futures si è finalmente raffreddato, ma purtroppo è stato accompagnato da un grande crollo. L'open interest è attualmente ai minimi degli ultimi sette mesi, un chiaro segno di incertezza.

Ciononostante, attualmente si stanno chiudendo grandi quantità di posizioni lunghe su Bitfinex e questo potrebbe indicare un ritorno di fiducia.

Conviene investire in cripto ora?

Se avete seguito un po' le notizie negli ultimi anni, saprete meglio di chiunque altro che l'interesse per il Bitcoin è salito alle stelle. Dall'inizio della crisi della corona, molti hanno investito in criptovalute.

Grande crescita del numero di investitori a causa della pandemia
Per capire se le criptovalute sono un must per il 2022, è bene guardare prima agli anni precedenti. In effetti, c'è una ragione chiara per cui l'interesse per il Bitcoin e le altre altcoin è aumentato in un breve periodo di tempo. Corona ha fatto sì che tutti noi riorganizzassimo la nostra vita quotidiana per un certo periodo di tempo. Un blocco non era ancora finito o un altro blocco era già alle porte. Da nessuna parte, le persone hanno dovuto rimanere a casa per molto tempo, il che significava spendere meno soldi. Allo stesso tempo, hanno visto che le criptovalute stavano andando molto bene; dall'inizio della pandemia, c'è stata una tendenza al rialzo.

Con il denaro in più sul proprio conto, molte persone hanno deciso di fare il grande passo. I prezzi hanno continuato a salire durante la pandemia e le notizie sulle cripto sono rimaste positive. Va inoltre considerato il fatto che il tasso di risparmio è attualmente molto basso. Ciò significa che non si ottiene quasi nulla per i risparmi lasciati in banca. In realtà, in molti casi c'è una maggiore possibilità di guadagnare di più con i risparmi investiti in criptovalute - a condizione, ovviamente, che si sia consapevoli di come funzionano le criptovalute. L'insieme di questi fattori costituisce la base giusta per dare uno sguardo al mondo delle criptovalute.

Cosa c'è da sapere sull'investimento in criptovalute Molti investitori alle prime armi si chiedono se saranno in grado di guadagnare una buona somma di denaro dai loro sforzi nelle criptovalute in un breve periodo di tempo. La risposta è: in generale, no. L'investimento in criptovalute è più redditizio quando si investe a lungo termine. Ciò significa che l'acquisto di Bitcoin dovrebbe essere fatto solo con denaro che può mancare per un certo periodo di tempo e di cui non si ha quindi bisogno immediatamente. In effetti, la pratica passata ha dimostrato che il valore del Bitcoin e di altre monete ha iniziato a salire nel corso degli anni. Naturalmente, può accadere che un giorno la vostra scommessa valga improvvisamente molto o che il suo valore sia crollato.

È importante non agire in base alle emozioni in un momento come questo, ma attenersi a una strategia chiara che vi aiuterà a guadagnare nel lungo periodo. Il valore del Bitcoin oggi è così alto per un motivo: ci sono stati molti alti e bassi. Tuttavia, il fatto è che una volta il Bitcoin iniziava con un valore di 0 dollari. Nel 2010, due pizze venivano pagate addirittura con 10.000 Bitcoin. È difficile immaginarlo ora che un Bitcoin ha superato quella cifra più volte. Gli esperti prevedono che il Bitcoin e le altre criptovalute diventeranno la valuta del futuro, per cui prepararsi non può certo far male.

Criptovalute nel 2022: investire o non investire?

59

Pertanto, è sicuramente consigliabile iniziare a investire in criptovalute nel 2022, se si ha il denaro per farlo e se si ha interesse a farlo. Diversi trader, broker e professionisti nel campo delle criptovalute prevedono che il 2022 sarà un anno interessante per i prezzi. In realtà, lo è già; a causa degli attacchi della Russia in Ucraina, stiamo assistendo a molti alti e bassi sul prezzo del Bitcoin. Non si sa mai cos'altro accadrà e come questo influenzerà le criptovalute. Questo è l'unico "lato negativo" dell'investimento in questa moneta virtuale: è incredibilmente volatile.

Tuttavia, se si tiene conto di questo aspetto quando si inizia a investire in criptovalute, quest'anno è sicuramente un buon momento per iniziare. Negli ultimi anni, l'aumento dei prezzi ha dimostrato molto. È probabile che nel prossimo periodo le cose non potranno che migliorare con i vari tassi di cambio. Ricordate che un giorno potrebbe andare meglio del successivo e che non dovreste investire con denaro di cui avete immediatamente bisogno. Solo allora investire in Bitcoin o in qualsiasi altra criptovaluta sarà divertente e stimolante e, soprattutto, redditizio.

Le migliori criptovalute 2022
La criptovaluta numero uno al mondo, il Bitcoin, non ha bisogno di annunci come opzione di investimento. Anche per il 2022, rimane la migliore moneta da acquistare ora. Ma cos'altro si può investire nel 2022? Anche Stellar Lumens, XLM, può essere considerata una buona moneta da comprare ora. XLM può aver avuto un

2020 turbolento, ma ora è scambiata vicino al suo ATH. Inoltre, sono previsti alcuni grandi progetti all'orizzonte.

Ad esempio, la stessa Stellar Lumens ha recentemente investito 5 milioni di dollari in Wyre, un servizio di pagamento blockchain leader del settore. Questo investimento fornirà a XLM l'accesso alle coppie di valute. Inoltre, Stellar è stata scelta dalla Banca centrale ucraina per contribuire allo sviluppo della propria CBDC, la moneta digitale della banca centrale.

La seconda criptovaluta più grande di cui non possiamo assolutamente dimenticarci nel 2022 è Ethereum. L'ETH è particolarmente importante per gli sviluppatori che possono sviluppare ed eseguire varie applicazioni sulla piattaforma Ethereum. La dimensione del mercato di Ethereum è circa il 19% di quella del Bitcoin. Pertanto, Ethereum può certamente essere definita la migliore criptovaluta in cui investire.

Una delle opzioni per il 2022 è anche Dogecoin. È stata lanciata per gioco da due programmatori. Ciononostante, Dogecoin gode dell'attenzione di influenti personalità, come Musk di Tesla, Gene Simmons del gruppo rock Kiss e il rapper Snoop Dogg.

Le migliori criptovalute da acquistare nel 2022
Qual è la migliore moneta cripto nel 2022 da comprare ancora di più? Un'altra criptovaluta che si può considerare la migliore per gli investimenti nel 2022 è il Litecoin. Utilizzando LTC come token, basato su Bitcoin, Litecoin è stato lanciato nel 2011 da Charlie Lee. Il

Litecoin è spesso definito come l'argento del Bitcoin d'oro. Il Litecoin condivide molte somiglianze con il Bitcoin. Tuttavia, il Litecoin ha un tasso di blocco più veloce e quindi offre un tempo di conferma delle transazioni più rapido.

Meno popolare tra gli sviluppatori, ma il numero di venditori che accettano LTC è in crescita. Al momento in cui scriviamo, l'LTC ha una capitalizzazione di mercato di 13 miliardi di dollari.

La criptovaluta DOT del creatore Polkadot dovrebbe diventare più interessante nel 2022. La connessione di blockchain autorizzate e non autorizzate e di oracoli attirerà ulteriormente questo sistema. L'obiettivo è quello di consentire a diverse reti di cooperare tra loro senza compromettere la sicurezza. A proposito, questo è un vantaggio di Polkadot rispetto a Ethereum.

Su Ethereum è possibile creare la propria blockchain con il proprio token, ma bisogna anche creare la propria sicurezza. Mentre su Polkadot è possibile utilizzare una sicurezza condivisa.

Sempre più investitori e trader si interessano alle criptovalute e in particolare al Bitcoin. Molti hanno l'intenzione di entrare nel mondo delle criptovalute, ma non sanno quando farlo. Dovreste lasciarvi guidare dalle storie di successo o forse è meglio non farlo? In questo articolo scoprirete la risposta.

Opportunità di investire in Bitcoin

Il crescente interesse per le criptovalute ha fatto sì che ci siano anche molte opportunità di investire in Bitcoin. Mentre in passato ci si poteva rivolgere solo a siti web stranieri, oggi è possibile rivolgersi anche a diverse organizzazioni dei Paesi Bassi. Ci sono diverse borse (olandesi) e utilizzando i servizi di un'organizzazione come Bitcoin Pro si può persino applicare un bot di trading. In questo modo, il trading di Bitcoin non sarà più un compito facile.

Quanto è interessante un investimento in Bitcoin?

In base a quanto riportato dai media, l'investimento in Bitcoin è molto interessante. Basta fare una rapida ricerca per leggere diverse storie di successo al riguardo. Sebbene queste storie siano molto interessanti e ispirino addirittura molte persone a investire in Bitcoin, non bisogna ignorare i rischi connessi. Dopo tutto, i prezzi dei Bitcoin sono soggetti a notevoli variazioni. Non è escluso che a grandi picchi di prezzo si alternino bruschi cali. Se da un lato questo può comportare dei rischi, dall'altro rappresenta una buona opportunità per determinare il momento migliore per effettuare un investimento in Bitcoin.

Comprare basso, vendere alto

Quando si parla del momento migliore per investire in criptovalute, viene subito in mente l'espressione "buy low, sell high". In fondo, un errore comune è quello di scegliere un investimento in Bitcoin quando il prezzo è molto alto. Dopotutto, molte persone si ispirano alle storie di successo diffuse dai vari media. Per massimizzare il ritorno sull'investimento, è meglio investire quando il prezzo del Bitcoin è al minimo e vendere quando è al massimo. Inoltre, è una scelta saggia ripartire l'investimento. Questo può essere fatto effettuando l'investimento stesso in più parti o scegliendo più criptovalute su cui investire. Quanto detto sopra evidenzia che è molto importante tenere d'occhio i prezzi delle criptovalute e tutte le notizie mondiali per determinare il momento migliore per un investimento in Bitcoin.

L'enorme hype per il bitcoin nel 2018

Ripensarci mi fa sorridere molto. Era l'estate del 2018 quando ho iniziato ad approfondire il tema dei Bitcoin. E in particolare della tecnologia blockchain. Il primo articolo che ho letto riguardava proprio il Bitcoin. All'epoca vedevo il potenziale di questa moneta digitale, ma non ci credevo del tutto. Tuttavia, il secondo articolo che ho letto dopo ha catturato la mia attenzione. Il secondo articolo riguardava la blockchain, la tecnologia alla base del Bitcoin. È molto affascinante questa tecnologia, che si basa sulla decentralizzazione e sull'alta tracciabilità all'interno della blockchain. Mi sono convinto e ho deciso di fare il mio primo investimento. Ma non per investire in Bitcoin, bensì in Ethereum.

Al giorno d'oggi, ci sono molti siti web di finanza dove è possibile acquistare Bitcoin. Ma all'epoca, nell'estate del

2018, c'erano solo pochi siti web in cui era possibile farlo. Spesso si doveva poi salvare il codice blockchain su una USB o su carta. Non sorprende che molte persone abbiano perso i loro codici, insieme a tutti i loro Bitcoin! Ora, fortunatamente, questo è un ricordo del passato. In ogni caso, all'epoca comprai le mie prime monete di Ethereum. Avevo acquistato quattro monete per 100 dollari ciascuna. Dimentichiamo per un attimo il fatto che all'epoca ero ancora un grande dilettante e che avevo commesso molte delle trappole per gli investitori alle prime armi. Ma a volte la fortuna è dalla parte degli stupidi, e questo era vero per me in quel momento. Perché, a quanto pare, ero entrato proprio prima dell'enorme ondata di successo del Bitcoin. E sì, questo mi ha portato a rendimenti tremendamente alti.

Come il mio primo investimento in Ethereum ha avuto un ritorno di +900%

Quando ho comprato Ethereum, ho comprato anche altre criptovalute. E poi è iniziato tutto. Tra settembre e ottobre 2018 è scoppiato il Bitcoin Hype. Una criptovaluta dopo l'altra è salita alle stelle. Ad esempio, al culmine dell'hype, le mie monete di Ethereum valevano 1000 dollari l'una. Le avevo acquistate per 100 euro, con un rendimento del 900%. Avevo anche acquistato delle monete Litecoin che erano passate da 50 dollari a 250 euro. E uno dei miei migliori investimenti è stato Verge. Con Verge ho guadagnato ben 5.000 dollari da 100 euro. Ma, come ho detto, all'epoca ero un dilettante e ho commesso molti errori.

Fortunatamente non ho sbagliato tutto. Per esempio, avevo investito solo con il denaro che potevo risparmiare. Questa è una delle regole più importanti per diventare ricchi con gli investimenti: investire solo con i soldi che si possono perdere. Avevo investito un totale di circa 1500 euro. E a un certo punto questo valeva circa 13.000 euro. Sì, si tratta di un rendimento enormemente elevato in soli quattro mesi. Purtroppo, il mio errore più grande è stato quello di essermi fatto prendere dall'entusiasmo. Ho dimenticato una cosa molto importante: la raccolta dei profitti. Per tutto questo tempo ho tenuto la mia criptovaluta, anche oggi. Fortunatamente il prezzo sta risalendo un po', ma ci vorranno anni prima di tornare ai livelli del 2018.

Morale della favola: se investite in un hype, assicuratevi di intascare i vostri profitti in tempo. Perché prima che ve ne accorgiate, potrebbe essere troppo tardi e rimarreste a mani vuote.

Ma attenzione: non raccogliere i miei profitti non è stato l'errore più grande.

La mancanza di casi d'uso e di valore del Bitcoin nel 2018.
Il più grande errore che ho commesso nel 2018 è stato investire nell'hype. Molte persone sono diventate milionarie investendo in Bitcoin. E non escludo che nei prossimi anni ci saranno molti altri milionari grazie al Bitcoin. Ma la grande differenza tra me e questi milionari è che tutti i milionari del Bitcoin sono arrivati molto presto. Hanno investito nel potenziale di questa

moneta digitale già dal 2013. All'epoca si poteva investire in Bitcoin con meno di un euro! In questo caso, può valere la pena di investire, ad esempio, 500 dollari in qualcosa che può avere un enorme potenziale. È sempre meglio che puntare 500 dollari sul nero o sul rosso del Casinò .....

Nel 2018 il Bitcoin era tutto un clamore. All'epoca aveva solo un potenziale, ma non c'era alcun valore tangibile dietro di esso. Né aveva un forte caso d'uso. Quest'ultimo significa che una tecnologia ha anche applicazioni utili nella pratica. Nel 2022 il Bitcoin non ha ancora alcun valore. Non è possibile utilizzarlo da nessuna parte e il tasso di cambio oscilla ancora troppo, non rendendolo un mezzo di pagamento valido. Questo rende il Bitcoin non un investimento intelligente ai miei occhi.

Per me, un investimento intelligente è un investimento in qualcosa di tangibile che genera effettivamente entrate e soprattutto profitti. Pensate ai fondi immobiliari che raccolgono enormi profitti ogni mese grazie agli affitti. Oppure pensate alle azioni di crescita delle aziende emergenti più popolari. Quando le aziende crescono ogni anno di più grazie a una base di clienti sempre più ampia, generano anche sempre più vendite e profitti. Questo fa sì che un'azienda valga di più. Quanto maggiore è il potenziale di crescita di un'azienda, tanto maggiore è il suo valore. Questo vale anche per i settori. Alcuni settori crescono più velocemente di altri. Pertanto, investire nei mercati in crescita è un investimento molto logico e intelligente.

Spesso questo valore si riflette nel prezzo delle azioni. Allora un titolo è relativamente "caro". Ma se siete fortunati, troverete azioni di valore che hanno un prezzo relativamente "economico". Questo modo di investire è chiamato anche Value Investing.

È sicuro o no investire in Bitcoin e criptovalute?

Nel frattempo, le piattaforme su cui è possibile acquistare Bitcoin stanno migliorando e diventando più facili da usare. Un esempio è Satos. Si tratta della piattaforma di trading di criptovalute meglio classificata in Europa. Uno sviluppo molto importante è la protezione. Le piattaforme di trading del 2022 hanno una sicurezza molto migliore rispetto al 2018 e anche a prima. All'epoca, i media riportavano storie di ogni tipo sul furto di Bitcoin da parte di hacker. Fortunatamente, questo è sempre più un ricordo del passato (soprattutto se si è un piccolo investitore). La sicurezza è ora paragonabile a quella delle normali piattaforme di investimento. Purtroppo, la realtà è che i Bitcoin hanno più probabilità di essere violati rispetto a un normale portafoglio di investimenti in azioni (che raramente viene violato). Quindi sì, è diventato più sicuro, ma non è ancora sicuro come gli investimenti "normali".

Quando è bene investire in criptovalute?
Se la realtà è vera, si può affermare che è una buona idea investire in criptovalute. Soprattutto se si vuole avere un'esposizione diretta sulla domanda effettiva di questo tipo di valuta.

Allo stesso tempo, l'idea di acquistare azioni esposte alla valuta digitale è molto meno rischiosa. Forse i vantaggi sono minori, ma di certo non si deve stare sul filo del rasoio per l'estrema volatilità.

Rischi associati alle criptovalute

Quando si parla di rischi, ce ne sono diversi. Non favoriamo le criptovalute considerandole esenti da ogni tipo di problema. Al contrario, ci sono alcuni fattori di cui bisogna essere ben consapevoli prima di decidere se investire o meno in criptovalute.

Vulnerabilità agli attacchi informatici

- Una concorrenza agguerrita
- Possibili normative future più severe
- Vulnerabilità agli attacchi informatici

A differenza dei mercati azionari, le borse cripto sono piuttosto vulnerabili agli attacchi informatici. Poiché questa valuta è digitale e completamente intangibile, può essere violata. È molto probabile che possa diventare l'obiettivo di ogni tipo di attività criminale. Anche alcuni dei maggiori investitori sono caduti in passato vittima di questi obiettivi.

Pertanto, hanno perso una quantità significativa di investimenti a causa di questi aggressori. Gran parte della loro valuta digitale è stata rubata a causa di una violazione della sicurezza a metà di uno scambio di criptovalute.

Sebbene l'utilizzo di tecniche di analisi del mercato dei bitcoin renda le cose abbastanza sicure, non è comunque possibile garantire un reddito del 100% dai propri investimenti.

Conservare le criptovalute è un processo piuttosto difficile. In confronto, possedere obbligazioni è considerato molto più facile. Questa vulnerabilità delle valute digitali ha scoraggiato molte persone dall'investirvi.

Una concorrenza agguerrita

La concorrenza nel campo delle criptovalute è spietata. Anche se il rischio è elevato, le persone si fidano e acquistano in massa. La blockchain, sostenuta dall'industria, cresce di giorno in giorno. L'intera infrastruttura è costruita sul digitale e l'ecosistema delle criptovalute sta guadagnando molto slancio.

Per questo motivo, quando si tratta di acquistare criptovalute, ci si può trovare di fronte a una grande concorrenza. Il suo valore può aumentare dal momento in cui decidete di acquistarla al momento in cui ci mettete le mani sopra. Per questo motivo, è necessario prendere decisioni rapide e rimanere in carreggiata.

Possibili normative future più severe
Con i governi e le istituzioni internazionali sempre più consapevoli dell'importanza delle criptovalute, è possibile che in futuro il settore venga regolamentato in modo rigoroso. Persino gli esperti del Fondo Monetario

Internazionale hanno chiesto un miglior livello di regolamentazione del settore, dimostrando che ciò potrebbe essere possibile in futuro.

71

Investire in criptovalute come imprenditore?

L'investimento in criptovalute sta diventando sempre più noto tra i consumatori, ma anche le aziende sono in grado di accedere alla borsa. Tuttavia, un'organizzazione deve soddisfare altri requisiti e sottoporsi a un rigoroso processo di verifica. Tenete anche conto del fatto che dovete pagare le tasse e che a volte dovete convertire le vostre attività in cripto in euro, in modo da poter determinare il corretto bilancio dei profitti o delle perdite. In questo articolo vi illustrerò come investire in criptovalute come impresa e quali sono le implicazioni.

Investire in criptovalute nel 2022

Volete investire in criptovalute con il vostro patrimonio aziendale. In questo articolo vi spiegherò come fare, ma partiamo dall'inizio. Cosa significa investire in cripto nel 2022, è davvero intelligente?

In questo momento ci troviamo in una situazione particolare, perché nel mondo sta succedendo di tutto. Stiamo vivendo a ritmo serrato verso un nuovo sistema finanziario, c'è un'enorme scarsità nel mercato delle materie prime, scoppiano guerre e il nostro clima è tutt'altro che stabile. Dire che è un caos è un eufemismo.

I prezzi volubili nel mercato delle criptovalute sono fortunatamente abbastanza normali. Non per niente lo chiamiamo mercato "volatile"; le fluttuazioni grossolane non sono strane ed è a questo che bisogna essere preparati. In definitiva, ogni calo o rialzo è una reazione a un evento o a una tendenza del mercato, il che è abbastanza logico. Non si può approfittare dei rialzi se non ci sono i ribassi, è così che funziona.

La scorsa settimana ho anche scritto un articolo su cosa si può fare con il proprio denaro in tempi incerti e il mio collega Christiaan ha scritto su come investire il proprio patrimonio in oro. L'oro si comporta bene anche nei periodi in cui il dollaro è in calo.

Conservate le vostre monete digitali in modo sicuro
Una volta acquistate, le monete si trovano nella borsa. Non è un luogo sicuro in cui conservarle, perché in caso di hacking o crash, si perde tutto. Naturalmente, non è questo che volete per i vostri beni aziendali. Ecco le opzioni che avete a disposizione:

Portafoglio ospitato - Si tratta di un portafoglio che spesso viene già creato dalla borsa stessa, quando si acquistano le valute. Ad esempio, se acquistate Ethereum (ETH) tramite Bitvavo, i vostri fondi andranno direttamente in un portafoglio di questo tipo. Si tratta ovviamente di un'opzione sicura, ma di gran lunga non la più sicura;

Portafoglio software - Un portafoglio software è un ambiente online in cui si conservano le criptovalute. Il portafoglio viene scaricato sul computer o in un'applicazione sul dispositivo. Siete gli unici a disporre dei dati di accesso e non ci sono terze parti coinvolte, ma non è comunque l'opzione più sicura;

Portafoglio hardware - Questa è un'opzione che io stesso consiglio. Grazie a un portafoglio hardware, come Ledger, avete la certezza che tutto sia effettivamente sotto il vostro controllo. Questo vi risparmia le preoccupazioni e vi impedisce di perdere le vostre monete in caso di hacking o crash.

Come trovare le monete giuste?

Attenzione: questa è una nota a margine per facilitare la ricerca delle monete digitali giuste. Non si tratta di una consulenza finanziaria e non è assolutamente in grado di dirvi in cosa dovreste investire. Spetta esclusivamente a voi decidere in cosa investire e come farlo. Fate le vostre ricerche!

Queste sono le linee guida per trovare l'opzione di investimento giusta per voi:

Utilizzate un sistema di scambio affidabile e sicuro, adatto alle vostre esigenze;
Godetevi il fatto che con le criptovalute potete spesso (nota: non sempre) ottenere rendimenti che non potete assolutamente ottenere con i risparmi;

Potete puntare su un certo numero di monete o creare un ampio portafoglio. Puntate su un po' di tutto, puntate specificamente sulla DeFi o vi limitate a poche altcoin?

Esaminate attentamente le vostre opzioni. Avete intenzione di comprare e di fare HODL, quindi di risparmiare per il lungo termine? Volete acquistare in un momento di ribasso e vendere in un momento di picco? Volete fare strike?

Alcune borse offrono agli imprenditori bonus speciali, offerte di prevendita o offerte in modo che investano in criptovalute sempre più spesso. Se questo è proprio il vostro genere, approfittatene!

Beneficiare come azienda delle attuali tendenze crittografiche
Come azienda, volete fare di più che investire nelle criptovalute? Forse volete addirittura gestire un'azienda o un progetto che sia interamente attivo in questo settore! Oppure volete sapere come pagare meno tasse possibile sui vostri asset in criptovalute, ovviamente in modo legale.

L'investimento commerciale in criptovalute può sicuramente essere vantaggioso. Certo, bisogna sapere cosa si sta facendo e bisogna anche tenere una buona contabilità. Ma questo vale anche per gli investimenti in cripto. Se si utilizza un exchange affidabile, si crea un conto aziendale e si conservano in modo sicuro le monete digitali acquistate, si può ottenere un buon rendimento.

È bene sapere che oltre a investire in criptovalute, è possibile avviare un'attività nel mondo delle criptovalute. Pensate di fare NFT, consigliare persone o fondare un progetto sulla blockchain. Qualunque sia il vostro progetto e qualunque siano le vostre ambizioni, il mondo delle cripto è ai vostri piedi. Vi auguro la migliore fortuna e divertimento!

Investire nel tasso di cambio di Cardano nel 2022

Una delle monete di cui gli esperti si aspettano molto nei prossimi anni è l'ADA sul tasso di cambio di Cardano. Anche se nessuno può prevedere il corso delle criptovalute, questo è per un motivo. Il team che sta dietro a Cardano sta lavorando duramente per rinnovare e migliorare la rete, il che si riflette direttamente sui prezzi. Ad esempio, nel marzo 2020 la valuta valeva solo 0,03 dollari e nell'agosto 2021 l'ADA aveva un valore di 2,61 dollari. Gli esperti si aspettano che il tasso di cambio di Cardano rimanga tranquillo all'inizio del 2022 prima di subire un aumento. È soprattutto il lungo termine, dal 2023 al 2025, a rendere interessante l'investimento in Cardano.

Quale criptovaluta è promettente?

La criptovaluta è diventata una sensazione crescente negli ultimi anni; la velocità con cui la criptovaluta è diventata una tendenza è stata più veloce dell'adozione di Internet stesso, e la fine è tutt'altro che in vista. La cripto è calda, la cripto è di tendenza e ci sono molti soldi in ballo. Le previsioni sulle criptovalute per il 2022 sono quindi attese positivamente da molti investitori, e trovare le monete migliori sta diventando sempre più difficile. Stanno emergendo sempre più piccole criptovalute con potenziale. Inoltre, stanno emergendo sempre più scambi e mercati di criptovalute.

Entro la fine del 2025, si prevede che ci saranno circa un miliardo di portafogli Bitcoin a livello globale. Questa cifra dovrebbe continuare a crescere grazie alla portata globale di Internet e ai molti Paesi che stanno iniziando ad accettare il Bitcoin come moneta legale.

Nuove criptovalute 2022
Ma non è solo il Bitcoin a crescere, bensì anche altre criptovalute come Ethereum, il cui trend dal 2019 si è sviluppato più velocemente di quello del Bitcoin. La crescita della finanza decentralizzata (DeFi) è ancora più impressionante, con un numero di utenti triplicato dall'inizio del 2021. Questo mercato "rischioso" ha attirato un maggior numero di investitori e, mentre il 2021 giunge al suo ultimo trimestre, gli investitori sono ora alla ricerca dei migliori investimenti in criptovalute nel 2022. Quale moneta salirà nel 2022 dipende principalmente dai progetti che rappresenta. Quali sono

le nuove monete cripto che conquisteranno il 2022 lo possiamo vedere attraverso gli esempi che seguono.

Aspettative di criptovaluta 2022

I mercati delle criptovalute sono più volatili di quelli azionari, il che rende ancora più importante per un investitore studiare bene le diverse criptovalute e quale sia il piano a lungo termine per i progetti alla base delle criptovalute. In questo capitolo discuteremo le 8 principali criptovalute 2022 al di fuori del Bitcoin, in modo che voi investitori possiate fare una scelta ponderata per il vostro portafoglio di investimenti nel 2022. Non limitatevi al prezzo delle criptovalute, ma anche il giusto tipo di scambio di criptovalute può fare la differenza nella vostra esperienza di investimento. Anche se le previsioni sulle criptovalute per il 2022 sono positive, assicuratevi prima di investire denaro. Tenetevi aggiornati con le ultime notizie sulle criptovalute su siti web come marketupdate.co.uk e su exchange come Binance.

Le migliori monete cripto 2022 su cui investire

Le seguenti criptovalute sono progetti che stanno funzionando bene e per i quali c'è un'alta aspettativa per il 2022. Soprattutto per gli investitori che sono alla ricerca di un investimento a lungo termine, queste criptovalute sono una buona scelta da approfondire. Non forniamo consigli finanziari, ma condividiamo queste informazioni in base ai risultati degli ultimi mesi e al piano a lungo termine del progetto. Assicuratevi di immergervi a fondo in una criptovaluta prima di decidere di investire.

Litecoin come investimento per il 2022

Oltre alla buona notizia di Cardano, ci sono altre monete in cui è possibile investire nel 2022. Il Litecoin, ad esempio, è una di queste. Questa criptovaluta è considerata l'alternativa al Bitcoin. Questo perché entrambe operano sullo stesso tipo di rete, ovvero la blockchain. Uno dei grandi vantaggi del Litecoin è che ha dimostrato di essere una moneta molto solida in passato (e nel presente). Questo rende l'investimento ancora più interessante. Inoltre, a differenza del Bitcoin, questa moneta non ha costi di transazione elevati. Ciò potrebbe giocare a favore di questa altcoin nei prossimi anni. Pertanto, tenete d'occhio il Litecoin nel 2022 e aggiungetelo al vostro portafoglio di investimenti.

Investire in XRP da Ripple nel 2022

In conclusione, si può certamente ottenere il beneficio necessario quando si inizia a investire in XRP di Ripple nel 2022. È impossibile immaginare il mondo delle criptovalute senza Ripple. Negli ultimi anni, questa criptovaluta è diventata molto più preziosa, rendendola una buona valuta per gli investimenti commerciali. Sebbene poche persone di spicco nel settore delle criptovalute osino parlare della moneta, alcune società di trading prevedono che Ripple raddoppierà il suo valore rispetto al 2021. Altre prevedono addirittura un valore ancora più alto del prezzo del Ripple. Non lasciatevi mai andare completamente a questo tipo di aspettative, ma verificate voi stessi quale sia la scelta migliore in termini di investimento in criptovalute per la vostra attività. Nessuno può davvero prevedere il futuro delle criptovalute come il tasso di cambio di Cardano.

Etereo [ETH] 2022

Ethereum è una rete blockchain decentralizzata con una propria criptovaluta con cui pagare, la criptovaluta Ether (ETH). Ethereum è uno dei principali contendenti grazie alla sua funzionalità di smart contract. I contratti intelligenti sono come contratti cartacei che vengono eseguiti quando tutte le condizioni sono soddisfatte, ma senza un intermediario come una banca o un altro intermediario. Diversi sviluppatori utilizzano la rete Ethereum per creare vari progetti, come le borse decentralizzate (DEX), i token di sicurezza (che possono sostituire i certificati cartacei e altri prodotti finanziari), i token non sostituibili (NFT) che vengono utilizzati per sostituire opere d'arte e altri oggetti di valore, come ad esempio la creazione di nuove criptovalute interamente con lo standard di token ERC-20 di Ethereum.

Con l'aggiornamento ETH2.0, Ethereum sta passando il suo meccanismo di consenso a una Proof of Stake (PoS) del suo meccanismo PoW. Gli Staker possono ora offrire i loro ETH come investimento depositato per ottenere un reddito passivo aggiuntivo. Non si tratta solo di un rendimento aggiuntivo, ma anche di una soluzione migliore per l'ambiente. Dopo tutto, il mining vecchio stile consuma molta energia.

Cosa rende Ethereum un buon investimento?

Ethereum è la più grande rete blockchain per applicazioni decentralizzate e ha la seconda maggiore capitalizzazione di mercato dopo il Bitcoin.

Grazie alle applicazioni decentralizzate e allo standard dei token ERC-20, Ethereum offre molte opportunità a diversi progetti ed è la scelta principale per lo sviluppo di nuove criptovalute.
Ether è l'unica moneta di cui si parla per superare il bitcoin a breve termine, e tutte le dApp, gli smart contract, i token di sicurezza, gli NFT e molti altri prodotti richiedono di essere eseguiti sulla blockchain di ETH.

L'ETH ha dimostrato una forte capacità dal 2015 e sta ancora evolvendo per migliorare. Ad esempio, è in corso l'aggiornamento ETH2.0 che contribuisce a rendere molto più efficiente e veloce il meccanismo di consenso PoS e il sistema di Shards. ETH è ancora una delle migliori criptovalute 2022.

Lo strike è un generatore di reddito aggiuntivo (circa l'8% all'anno) per gli investitori che vogliono detenere ETH e ottenere un rendimento aggiuntivo. Su Binance è possibile effettuare lo strike di ETH e di altre monete cripto.

Polkadot [DOT] 2022

Polkadot è una rete blockchain proprietaria che ha collegato diverse blockchain con funzioni diverse, per farle lavorare insieme. Polkadot consente agli sviluppatori, come Ethereum, di costruire applicazioni e contratti intelligenti. Le catene di relè di Polkadot consentono la comunicazione delle dApp con altre reti blockchain. Grazie all'interoperabilità di Polkadot, è diventato facile trasferire beni tra diverse blockchain e Polkadot ha la più alta velocità potenziale di transazione del settore. Il DOT non può essere puntato, ma può essere investito attraverso Bitvavo per le criptovalute 2022.

Cosa rende Polkadot un buon investimento?

Polkadot può comunicare con altre reti, tra cui Ethereum. Polkadot ha un numero crescente di programmatori; in un webinar Keith Bliss (Presidente Capital2Markets) ne ha parlato: "Polkadot è un concorrente di Ethereum e molti programmatori lo usano perché è più sicuro. Permette loro di costruire le proprie blockchain".

Polkadot affronta la scalabilità, uno dei principali problemi della blockchain. Le parachain di Polkadot riducono la congestione. Questa caratteristica avanzata la rende anche una buona scelta di investimento.

Vitalik Buterin, uno dei fondatori di Polkadot, ha anche co-fondato Ethereum, dandogli una solida base e il sostegno di molti investitori.

Cosmos [ATOM] 2022

Cosmos si considera un progetto che risolve alcuni dei "problemi più difficili" del settore blockchain. Si propone di fornire un antidoto ai protocolli proof-of-work "lenti, costosi, non scalabili e dannosi per l'ambiente", come quelli attualmente utilizzati da Bitcoin.

Tra gli altri obiettivi del progetto c'è quello di rendere la tecnologia blockchain meno complessa e difficile per gli sviluppatori, grazie a un framework modulare che demistifica le applicazioni decentralizzate. Infine, un protocollo di comunicazione Inter Blockchain facilita la comunicazione tra le reti blockchain, evitando la frammentazione del settore. ATOM non può essere puntata, ma può essere investita attraverso Bitvavo.

Cosa rende Cosmos un buon investimento?

Lo Staking è un generatore di reddito aggiuntivo con le monete ATOM per gli investitori che vogliono detenere ATOM e guadagnare un rendimento aggiuntivo. Su Binance è possibile effettuare lo strike di ATOM e di altre criptovalute.

Cosmos è descritto come "Blockchain 3.0" - ha il grande obiettivo di assicurare che l'infrastruttura sia facile da usare. Ciò consente di costruire facilmente una rete utilizzando pezzi di codice già esistenti. A lungo termine, si spera che questo renda facile la produzione di applicazioni complesse.

La scalabilità è un'altra priorità, il che significa che è possibile elaborare un numero significativamente maggiore di transazioni al secondo rispetto alle blockchain più antiquate come Bitcoin ed Ethereum.

Poligono [MATIC] 2022

Polygon (ex Matic Network) è la prima piattaforma ben strutturata e facile da usare per lo sviluppo di infrastrutture e scalabilità Ethereum. Il suo componente principale è Polygon SDK, un framework modulare e flessibile che supporta la creazione di diversi tipi di applicazioni.

Polygon trasforma Ethereum in un vero e proprio sistema multi-catena (noto anche come Internet of Blockchains). Questo sistema multi-catena è simile ad altri sistemi come Polkadot, Cosmos, Avalanche, ecc. Con i vantaggi della sicurezza, del vivace ecosistema e dell'apertura di Ethereum. MATIC non può essere puntato, ma può essere investito attraverso Bitvavo.

Cosa rende Polygon un buon investimento?

Si può pensare a Polygon crypto come a un treno espresso. Si trova sullo stesso binario di tutti gli altri treni, ma corre più velocemente e fa meno fermate lungo il percorso. In questo esempio, il binario è Ethereum, dove Polygon effettua transazioni più velocemente di altre reti di criptovalute.

La piattaforma utilizza un consenso POS o proof-of-stake per proteggere la rete e creare una nuova valuta. Polygon vanta fino a 65.000 transazioni al secondo su una singola catena laterale, oltre a un tempo di transazione rispettabile inferiore a due secondi.

Algorand [ALGO] 2022

Algorand è una delle più popolari piattaforme open-source che utilizzano la tecnologia blockchain. Algorand, in quanto rete decentralizzata, è stata costruita intenzionalmente per risolvere i tre problemi più urgenti della tecnologia blockchain: decentralizzazione, velocità e sicurezza.

Algorand viene utilizzato per creare applicazioni per asset digitali, identità, titoli, catene logistiche, infrastrutture, monete stabili, ambiente, governo/settore pubblico, istituzioni finanziarie, finanza decentralizzata (DeFi), giochi e assicurazioni.

Cosa rende Algorand un buon investimento?

Una delle applicazioni costruite per l'identità FLEXFINTX è stata preziosa per aiutare oltre 400 milioni di africani a ottenere un'identità digitale.

Algorand è stato progettato per avere costi di transazione più bassi e per non utilizzare il mining (processo ad alta intensità energetica come quello del Bitcoin), perché si basa sul protocollo blockchain proof-of-stake (PoS).

Gli investitori possono acquistare la moneta Algorand ALGO attraverso crypto exchange come Bitvavo, ed è considerata una delle migliori monete cripto 2022.

Enjin [ENJ] 2022

Enjin Coin è una criptovaluta blockchain destinata esclusivamente ai giocatori. Nel 2017, la società Enjin, con sede a Singapore, ha lanciato questa valuta come token conforme a ERC-20. Ciò significa che è possibile inviare e ricevere ENJ utilizzando un portafoglio Ethereum. Molto più interessante, tuttavia, è il modo in cui ENJ viene speso. La maggior parte delle criptovalute è utilizzabile per acquistare qualcosa.
ENJ ha un'usabilità unica che fa parte del funzionamento della moneta. I giocatori possono utilizzare ENJ per acquistare NFT in vari giochi. Gli NFT o gettoni non sostituibili sono utilizzati per acquistare esclusivamente contenuti digitali e sono attualmente molto popolari, come si può vedere dal prezzo attuale su Bitvavo.

Cosa rende Enjin un buon investimento?
Enjin Coin utilizza una serie di contratti intelligenti che gli sviluppatori di giochi inviano a ENJ per creare nuovi token ERC-1155 unici, sostituibili o non sostituibili. Questi gettoni possono essere scambiati sul mercato di Enjin o riscattati per il loro supporto ENJ. Man mano che vengono coniati più gettoni personalizzati, più ENJ viene rimosso dall'ecosistema, rendendolo più scarso.

Il cofondatore di Enjin, Witek Radomski, ha scritto il codice di uno dei primissimi token non fungibili (NFT) ed è anche coautore dello standard ERC-1155 per i token di Ethereum.

Con il crescente successo delle NFT, è probabile che Enjin subisca un'elevata rivalutazione dei prezzi ed è anche considerata una delle migliori altcoin 2022.

87

Strategie di profitto a lungo termine

Le criptovalute hanno avuto un inizio d'anno difficile a causa delle molteplici preoccupazioni del settore. La preoccupazione maggiore è rappresentata dalla Federal Reserve, che si è impegnata ad agire in modo più aggressivo nella lotta all'inflazione. Le monete sono crollate anche a causa dei crescenti timori sulle valutazioni del settore delle criptovalute.

Le criptovalute come Bitcoin, Ethereum, Ripple e Cardano sono scese di oltre il 50% rispetto al loro massimo storico. In questo articolo vi segnaliamo le dieci migliori criptovalute su cui investire per ottenere guadagni a lungo termine.

Bitcoin
Il Bitcoin è una criptovaluta di primo piano avviata nel 2009 da Satoshi Nakamoto. La valuta è stata creata come alternativa alle valute fiat come il dollaro americano e l'euro. La differenza sta nel fatto che sarebbe di natura decentralizzata, il che significa che nessuna singola entità avrebbe molto potere su di essa.

Al suo apice, il Bitcoin era scambiato a quasi 70.000 dollari. Ora è crollato a circa 25.000 dollari a causa delle crescenti preoccupazioni per la Federal Reserve. C'è comunque la possibilità che il prezzo della valuta faccia bene in futuro. A differenza di altre valute, è decisamente sicura e l'offerta sta diminuendo in modo significativo.

Inoltre, il Bitcoin è stato abbracciato da alcune delle più grandi entità del mondo. Ad esempio, Tesla possiede Bitcoin per un valore di oltre 1 miliardo di dollari. Allo stesso modo, aziende come MicroStrategy e Square hanno il Bitcoin nei loro bilanci. Pertanto, il prezzo del Bitcoin è probabilmente un buon investimento a lungo termine.

Etere

Ether è il token originale dell'ecosistema Ethereum. Ethereum è una blockchain leader che consente agli sviluppatori di creare applicazioni decentralizzate di alta qualità in tutti i settori. È possibile creare applicazioni in settori quali la finanza decentralizzata (DeFi), i token non sostituibili (NFT) e il metaverso.

Ethereum è diventato un attore importante in questi settori. Ad esempio, è stato utilizzato per costruire applicazioni come Axie Infinity, Aave, Curve Finance e Decentraland. Poiché si prevede che il settore della blockchain continuerà a crescere, è probabile che Ethereum continui a svolgere un ruolo importante.

Ethereum è un buon investimento anche per il passaggio da una rete proof-of-work a una proof-of-stake. Questo passaggio, unito all'adozione della tecnologia sharding, porterà a una maggiore domanda. Pertanto, è possibile che il prezzo di Ethereum continui a fare bene.

ATOOM

ATOM è il token nativo dell'ecosistema Cosmos. Cosmos è una piattaforma blockchain leader che aiuta a collegare più monete. Secondo il suo sito web, ha centinaia di token con un valore totale di miliardi. Allo stesso tempo, il suo SDK viene utilizzato per costruire alcune delle principali piattaforme blockchain del settore, come ThorChain e Osmosis. Il prezzo di ATOM è destinato a salire con la crescita dell'ecosistema.

La scatola di sabbia

Sandbox è uno dei più grandi metaversi del settore. È una piattaforma che consente a persone e aziende di acquistare immobili virtuali online. È diventata anche una delle principali piattaforme per lo scambio di token virtuali non fungibili (NFT). Inoltre, è un ecosistema di gioco leader che consente alle persone di giocare a giochi virtuali in tornei noti come Alpha. È probabile che il token SAND continui a salire nel lungo periodo.

MKR

MKR è il token nativo per l'ecosistema Maker. Maker è una piattaforma DeFi leader che permette alle persone di prendere in prestito e risparmiare nella rete. Si distingue dalle altre piattaforme DeFi semplicemente per la propria stablecoin, nota come Dai. Inoltre, a differenza di altre piattaforme, utilizza un proprio sistema di oracolo. Pertanto, c'è la possibilità che il prezzo di MKR aumenti nel lungo periodo, soprattutto dopo il crollo di Anchor Protocol.

LINK

LINK è un'altra criptovaluta popolare che rappresenta un buon investimento a lungo termine. È una piattaforma leader che consente agli sviluppatori di blockchain di semplificare il loro processo di sviluppo. Lo fa aiutandoli a incorporare i dati fuori dalla catena nella catena.

Ha la maggiore quota di mercato del settore ed è utilizzato dalle principali piattaforme DeFi come Aave e Uniswap. Con la sua quota di mercato e la sua forte crescita, è probabile che possa ottenere buoni risultati nel lungo periodo.

Il bitcoin raggiungerà i 100k nel 2022?

Le previsioni sul prezzo del Bitcoin per il 2021 si sono rivelate un po' diverse per molti investitori. Ma nonostante le elevate aspettative, il Bitcoin ha comunque registrato una buona performance. Con un rendimento del 64% nel 2021, il Bitcoin ha lasciato indietro tutti gli altri asset di investimento. Molti analisti, così come molti investitori al dettaglio, avevano previsto che il prezzo del Bitcoin avrebbe raggiunto i 100.000 dollari entro la fine del 2021.

In realtà, i prezzi delle criptovalute, compreso il Bitcoin, sono rimasti un po' indietro in questo senso. Cosa c'entra tutto questo e il Bitcoin arriverà ancora a 100K nel 2022?

I prezzi delle criptovalute sono difficili da prevedere, ma vorremmo sapere se investire in Bitcoin è ancora saggio e se 100K è una possibilità. Per darvi una mano in questo senso, potete osservare una serie di eventi e cambiamenti. Una volta, naturalmente, anche il Bitcoin è stato concepito per un motivo. La spinta è stata la crisi finanziaria del 2008 e ora, a distanza di tanti anni, il sistema finanziario sembra essere in condizioni ancora peggiori.

Chi non crede nel Bitcoin probabilmente non investirà nemmeno. Ma se siete interessati, forse dopo aver letto questo articolo lo vedrete in modo diverso. Ciò che ho citato sono fatti, oltre alla mia opinione personale. Entrambi sono stati ottenuti facendo ricerche personali.

Pertanto, questo articolo non è assolutamente inteso come un consiglio di investimento. Con le informazioni che ho raccolto cerco solo di mostrarvi se e quanto il Bitcoin potrebbe diventare importante in futuro.

Sabbia nel motore

Dal 1° gennaio 2021, il prezzo del Bitcoin è raddoppiato da 25.500 a 51.000 dollari nel giro di tre mesi. Non solo il Bitcoin ha fatto bene, ma anche altre criptovalute come Ethereum hanno fatto bene. Se ne è parlato molto e sono piovute previsioni. Le aspettative sul prezzo del Bitcoin per il 2021 erano per molti: raggiungere il limite magico di 100.000 dollari. Uno di questi pronostici era il Piano B.

Plan B è noto per il suo modello Stock-to-Flow (S2F). Tale modello ha previsto 100.000 dollari entro la fine del 2021 e, con un modello migliorato, addirittura un prezzo del Bitcoin di 288.000 dollari entro il 2024. Sebbene Plan B sia un olandese molto conosciuto, rimane anonimo nei media. Con il suo modello, misura la scarsità di Bitcoin, per così dire. Ciò avviene dividendo l'attuale offerta (stock) di Bitcoin per il numero di Bitcoin prodotti annualmente (flusso).

E poiché la ricompensa per il mining si dimezza in media ogni quattro anni, i Bitcoin arrivano sul mercato a un ritmo sempre più lento. Se la domanda per la valuta continua a crescere, un'aspettativa di prezzo del Bitcoin di 100 mila dollari è abbastanza possibile nel breve termine. Tanto più che il numero di Bitcoin è fissato a un massimo di 21 milioni.

Tra l'altro, il modello Plan B risale al marzo 2019 e si è protratto fino all'inizio di dicembre 2021. Per molti è stato uno shock che la previsione abbia improvvisamente smesso di essere vera. Il Bitcoin arriverà ancora a 100K nel 2022? Sì, secondo Plan B lo farà, e lui si dice ancora fiducioso. Il modello è ancora intatto ai suoi occhi. Anche se dovremmo iniziare a vedere segni di ripresa nei primi mesi del 2022.

Troppo guidato dalle previsioni
Naturalmente, la sua previsione sul prezzo del Bitcoin non è sbagliata, ed è per questo che è comprensibile che le persone osservino attentamente il suo modello. Sembrava solo una questione di pazienza prima che il Bitcoin raggiungesse i 100.000 dollari.

Naturalmente, accade regolarmente che si facciano previsioni, sia positive che negative. Solo che a voi servono così poco.

Tuttavia, il suo modello, basato sulla scarsità, sembra abbastanza credibile. Solo che cosa fa alle vostre emozioni, quando il prezzo del Bitcoin non segue più il modello?

In realtà, è andata anche peggio: il Bitcoin non ha nemmeno raggiunto i 50.000 dollari. Nel complesso, una grande delusione che si è trasformata in paura.

Dopo l'ultimo picco (per ora) del 9 novembre 2021, il prezzo del Bitcoin è attualmente di 18.000 dollari. Le notizie sulla variante Omikron, così come l'alta inflazione e la crisi attuale, sembrano essere la causa del calo del prezzo. E che dire della Cina, che vieta severamente le criptovalute. Quando regna l'incertezza, spesso si assiste al ritiro del denaro dagli investimenti rischiosi.

Le criptovalute, ovviamente, sono una di queste. D'altra parte, quando il denaro vale meno, le persone cercano modi per proteggersi da questo fenomeno.

Più incertezza

Oltre al fatto che l'inflazione è elevata, sono proprio i bassi tassi di interesse a preoccupare. Normalmente la BCE (Banca Europea) può influenzare l'inflazione giocando con i tassi di interesse. Ora l'unica cosa che può fare è alzare il tasso d'interesse, mentre non è più possibile abbassarlo.

Ma in caso di crisi preferiscono non alzare il tasso di interesse. Nel momento in cui il tasso di interesse sale, i prestiti diventano più costosi e si spende meno. L'abbassamento dei tassi d'interesse e i miliardi di pacchetti di stimolo hanno proprio lo scopo di tenere in piedi l'economia.

Anche l'alta inflazione probabilmente non è temporanea e c'è il rischio che aumenti ulteriormente. Ciò significa che il denaro fiat vale sempre meno e finché il risparmio non sarà interessante, le persone continueranno a cercare alternative.

Punti luminosi

La quantità di denaro stampata di recente è, ovviamente, una delle ragioni dell'inflazione. Secondo l'economista Edin Mujagic, il passato dimostra che la stampa di denaro su larga scala non è mai finita bene. Non vede perché questa volta andrà bene. Edin è cresciuto in Jugoslavia e sostiene che la guerra di allora fu causata proprio dall'iperinflazione. Ciò che lo preoccupa particolarmente sono le analogie che vede con l'ex Jugoslavia e la situazione finanziaria attuale nei Paesi Bassi e in Europa.

Questo non può certo essere definito un punto di forza ed è certo che un giorno il conto dovrà essere pagato. Non oso dire cosa significherà esattamente per noi. Ma è bene pensarci. Non per niente il 2021 è stato l'anno in cui molti investitori istituzionali hanno deciso di iniziare a investire anche in Bitcoin e altre criptovalute.

Anche Paesi come El Salvador e l'Ucraina stanno accumulando Bitcoin. Naturalmente, le parti istituzionali e i Paesi non investirebbero in Bitcoin se non ci credessero. La ragione principale per cui le persone investono è che il Bitcoin è scarso e vogliono proteggersi dall'inflazione. Non è assurdo pensare che il crescente interesse e l'accettazione del Bitcoin continueranno ad aumentare nei prossimi decenni. Forse 100K per il 2022 è un po' troppo ambizioso, ma sono convinto che questo limite sarà raggiunto.

Volete capire meglio come è stato creato e funziona (o meglio non funziona più) il nostro attuale sistema monetario.

97

Economia post covid

Due anni di corona hanno avuto un chiaro impatto sul modo in cui le persone spendono i loro soldi. Sebbene la spesa totale con carta di credito sia quasi tornata ai livelli del 2019 - con un calo del -2% - la distribuzione della spesa è totalmente cambiata. In particolare, si è registrato un forte aumento degli acquisti di articoli di seconda mano. Con una crescita del +144%, questa è la categoria di prodotti che cresce più rapidamente.

La categoria che è cresciuta più velocemente in termini di spesa con carta di credito è quella dei servizi finanziari. Ciò è dovuto agli acquisti di criptovalute che sono aumentati del +1.580%.

Tuttavia, la spesa per viaggi e ristoranti non è ancora tornata ai livelli precedenti. È quanto emerge da ICS Credit Card Facts, un'analisi di ICS sui dati delle carte di credito nel periodo 1° trimestre 2019 - 1° trimestre 2022.

Le variazioni dei dati danno una buona immagine del cambiamento delle scelte dei consumatori negli ultimi anni. Gli articoli di seconda mano stanno andando molto bene. Le persone hanno avuto più tempo per apportare modifiche importanti alle loro case e mettere in vendita oggetti non necessari a causa dei blocchi. Anche le criptovalute sono state acquistate in abbondanza negli ultimi due anni.

Le persone hanno avuto a disposizione denaro che avrebbero altrimenti speso in vacanze o ospitalità e hanno avuto più tempo per imparare i trucchi e i segreti del trading di criptovalute. Una terza categoria di rilievo, quella dei "servizi digitali", è cresciuta del 41%. Ciò è dovuto principalmente a un aumento della spesa per i servizi di streaming.

Categorie ancora in ripresa

Ci sono anche categorie che tradizionalmente hanno ottenuto buoni risultati, ma che non sono ancora tornate ai livelli precedenti. Per esempio, vediamo che la categoria "Alimenti e bevande" ha ancora una performance inferiore del 17% rispetto a due anni fa. Ciò è dovuto principalmente a un calo della spesa nei ristoranti, dato che per gran parte di gennaio siamo stati ancora in blocco. Nel 1° trimestre del 2022 la spesa nei ristoranti è diminuita del 27% rispetto allo stesso periodo del 2019. La spesa per la consegna di cibo a domicilio ha registrato un forte aumento del 355%. Per quanto riguarda i viaggi, il quadro è lo stesso, con un calo dell'11%. Tuttavia, la recente spesa con carta di credito mostra la ripresa del settore dei viaggi. La spesa nel 1° trimestre di quest'anno è superiore del +312% rispetto al 1° trimestre del 2021. L'intrattenimento è in calo del -9%, soprattutto a causa del -13% della spesa per film e teatro.

Molte spese con carta di credito in Austria e Islanda

Sono state esaminate le tendenze della spesa con carta di credito in 50 Paesi del mondo. Il maggior aumento della spesa alberghiera nel 1° trimestre 2022 rispetto allo stesso trimestre dell'anno precedente è l'Austria con un +4.260%. Al secondo posto c'è l'Islanda con +2380% e al terzo la Norvegia con +1279%. È evidente che la crescita della spesa negli alberghi austriaci è dovuta ai turisti che quest'anno hanno potuto tornare sulle piste da sci e nei doposci austriaci. La crescita della spesa ai caselli è senza dubbio legata anche all'aumento degli appassionati di sport invernali. Con le restrizioni ai viaggi verso i Paesi extraeuropei, le destinazioni "speciali" all'interno dell'Europa, come l'Islanda e la Norvegia, potrebbero aver guadagnato popolarità.

Aumento delle frodi

Con l'avvento di Corona e la rapida crescita dello shopping online, è aumentata anche la percentuale di webshop disonesti. Glenn Mac Donald, CCO di ICS: "Abbiamo avuto anni turbolenti e questo si riflette chiaramente nei nostri dati sulle frodi. ICS monitora costantemente se i siti sono potenzialmente fraudolenti e agisce rapidamente. Per questo motivo, nell'ultimo trimestre abbiamo messo offline circa 350 siti web e abbiamo sostituito preventivamente quasi 5.000 carte". Quando si paga con una carta di credito, la protezione dell'acquisto e l'assicurazione di solito assicurano ai consumatori il rimborso del denaro anche in caso di frode". Prosegue: "Nei nostri dati vediamo anche molto chiaramente che la transizione digitale ha subito un'enorme accelerazione. Le persone hanno spesso dovuto fare i loro acquisti online a causa dei blocchi e hanno continuato a farlo. Di conseguenza, rispetto al

2019, gli acquisti online sono aumentati del 34%, ma la spesa offline è diminuita del 23%. Nelle successive analisi di Credit Card Facts, vedremo in che misura gli acquisti offline si riprenderanno ancora o se la transizione digitale si sta rivelando permanente in alcune categorie".

Come iniziare a investire in criptovalute?

Un prerequisito per il successo è il raggiungimento di un obiettivo. Non iniziate le criptovalute come un pollo senza testa. Iniziate con un obiettivo. Perché volete iniziare con le criptovalute? Qual è il vostro obiettivo di investimento? Per esperienza, vorrei darvi il consiglio di pensare sempre a lungo termine.

Ad esempio, fissate un obiettivo concreto: entro [xx anni], voglio avere una somma di denaro pari a x in attività grazie agli investimenti.

Si tratta di un obiettivo di investimento a tutto tondo. Iniziare a investire in criptovalute dovrebbe essere una parte di questo obiettivo. Gli investitori di successo diffondono le loro opportunità. Comprendete che le criptovalute sono estremamente rischiose. Non è consigliabile puntare tutti i propri soldi su un solo cavallo. Nemmeno se si tratta di un cavallo molto veloce (con caviglie fragili). Perché è così che funziona l'investimento in criptovalute
Caro investitore a lungo termine, qui puoi leggere tutto sugli investimenti in cripto. Dall'investimento in cripto per i principianti alle migliori app per cripto. Compreso un ampio tutorial (spiegazione) su come investire online in cripto.
: può salire velocemente, ma anche cadere duramente.

Se posso darvi un consiglio/guida, è quello di non investire più del 10% del vostro patrimonio totale in criptovalute.

Questo potrebbe non essere ciò che volete leggere. Ma voglio proteggervi da grosse perdite di denaro. Soprattutto come investitore alle prime armi, con le criptovalute la fortuna può essere enorme. Lo scopo di questo articolo è insegnarvi come iniziare a investire con successo nelle criptovalute. Non come diventare ricchi in fretta o poveri in fretta....

Gli investitori di successo diffondono le opportunità per raggiungere l'obiettivo di investimento. Investire in altri asset oltre alle criptovalute. Tornerò su questo punto più avanti 😊 .

Quindi, nell'ambito del vostro obiettivo generale, dovete sapere in che modo gli investimenti in criptovalute vi contribuiranno.

Iniziare a investire in criptovalute da soli o esternalizzare il processo?

Iniziare con le criptovalute è rischioso. Tuttavia, può essere redditizio investirvi una piccola parte. Dopo tutto, un rischio elevato può anche portare a rendimenti potenzialmente elevati.

La domanda è: come volete iniziare a investire in criptovalute? Fondamentalmente, avete due opzioni: iniziare a investire da soli o lasciare che lo facciano altri.

In generale, con i vostri sforzi potete potenzialmente ottenere rendimenti più elevati. Questo è vero solo se si hanno le conoscenze e le competenze giuste. E dato che iniziare con le criptovalute è piuttosto rischioso, potrebbe non essere saggio affidarle all'esterno. Questo offre una serie di vantaggi, come ad esempio il fatto di non aver bisogno di tempo o di conoscenze specifiche. Lo svantaggio è che ha un costo. La domanda è se il risultato finale (rendimento - costo) sarà migliore se lo farete da soli.

Se volete iniziare a lavorare con le criptovalute e preferite esternalizzarle (il che, francamente, può essere saggio).

Iniziare con la diversificazione e la ricerca: mettere insieme un portafoglio di investimenti in criptovalute

Gli investitori di successo non si limitano a scegliere la diversificazione. Fanno anche molte ricerche sui migliori investimenti. Soprattutto per quanto riguarda le singole azioni e le criptovalute, il vostro successo dipende dalla ricerca. Volete investire solo nelle migliori criptovalute, giusto? Con le azioni è più facile: si possono analizzare le società per la loro crescita futura (in termini di profitti). Con le criptovalute, questo non è possibile. Tuttavia, si può guardare al potenziale futuro.

Avete indovinato: il potenziale futuro significa anche che questo potenziale potrebbe non essere raggiunto. È più incerto che con le azioni. Le azioni sono aziende fisiche che realizzano profitti (o perdite). Le criptovalute sono (per ora) soprattutto idee o concetti. Ecco perché iniziare con le criptovalute è così rischioso.

La soluzione? Mettere insieme un portafoglio di investimenti in criptovalute. In un'ottica di diversificazione del rischio, tale portafoglio dovrebbe essere composto da almeno le 15 criptovalute più popolari. E idealmente le prime 30.

Iniziare con la diversificazione e la ricerca: costruire un portafoglio di investimenti in criptovalute

Gli investitori di successo non si limitano a scegliere la diversificazione. Fanno anche molte ricerche sui migliori investimenti. Soprattutto per quanto riguarda le singole azioni e le criptovalute, il vostro successo dipende dalla ricerca. Volete investire solo nelle migliori criptovalute, giusto? Con le azioni è più facile: si possono analizzare le società per la loro crescita futura (in termini di profitti). Con le criptovalute, questo non è possibile. Tuttavia, si può guardare al potenziale futuro.

Avete indovinato: il potenziale futuro significa anche che questo potenziale potrebbe non essere raggiunto. È più incerto che con le azioni. Le azioni sono aziende fisiche che realizzano profitti (o perdite). Le criptovalute sono (per ora) soprattutto idee o concetti. Ecco perché iniziare con le criptovalute è così rischioso.

La soluzione? Mettere insieme un portafoglio di investimenti in criptovalute. In un'ottica di diversificazione del rischio, tale portafoglio dovrebbe essere composto da almeno le 15 criptovalute più popolari. E idealmente le prime 30.

Sicuramente la diversificazione diminuisce il rendimento potenziale. Supponiamo di investire 1.000 dollari nella migliore criptovaluta. Potreste ottenere un rendimento del +500% (ovvero x6). Ma per lo stesso motivo va male e perdete tutti i vostri soldi.

Non è meglio distribuire 1000 dollari su 30 criptovalute? In questo caso si potrebbe ottenere un rendimento inferiore, ad esempio del +100% (nel lungo periodo). Ma anche il potenziale di ribasso è inferiore. Dopotutto, se 1 delle 30 monete ha un rendimento eccellente con un rendimento di x30, si ottiene un rendimento di $33,3 x 30 = $999.

La probabilità di ottenere rendimenti positivi aumenta con la diversificazione del portafoglio di criptovalute.

Volete iniziare con successo a investire in criptovalute? Il nostro consiglio è di scegliere un portafoglio di criptovalute. Aumentate le possibilità di guadagno e diminuite quelle di perdita.

Iniziate con un piccolo deposito mensile

Volete ottenere alti rendimenti con le criptovalute? Il modo migliore è comprare basso, vendere alto. Questo significa fare trading attivo sulle criptovalute, vendendo ai picchi e comprando ai ribassi. Il grafico qui sopra mostra come procedere.

Su un grafico sembra facile. Allora perché così tanti investitori in criptovalute perdono denaro? Perché siamo creature emotive. Il mercato delle criptovalute è eccitante e volatile. Tutti sono in attesa del prossimo successo. E quando questo accade, sembra che il cielo sia il limite. A livello quotidiano, è difficile agire in modo razionale.

Suggerimento: Volete vendere alto e comprare basso? Spegnete le emozioni e lavorate con gli ordini limite automatici. Fate un passo indietro e guardate il mercato a "livello mensile", piuttosto che a "livello giornaliero".

Sono necessarie conoscenze e competenze. Non è adatto a chi inizia a lavorare con le criptovalute. Potrebbe esserci una strategia migliore per i principianti.

I principianti possono ottenere maggiori risultati con la seguente strategia:

Investite solo con il denaro che potete risparmiare
Investite ogni mese un piccolo importo nel vostro portafoglio di criptovalute.

Farlo per più anni consecutivi (se si crede nelle criptovalute)

Acquistate un extra quando il mercato delle criptovalute subisce un brusco calo (ad esempio -30% o addirittura -70%).

Vendete una parte del vostro deposito in occasione di grandi picchi (ad esempio a +50% o +100%). Mettete da parte questo importo e scommettete in base al punto 2 e/o al punto 4.
Oppure incassate i profitti e metteteli sul vostro conto di risparmio o su investimenti a basso rischio.

Ovviamente è meglio comprare solo nei grandi crolli. Ma ci sono molti fattori (emotivi) che portano a commettere errori nel market timing. Con un deposito mensile si punta a un prezzo di acquisto medio del mercato. Se il mercato sale nel lungo periodo, otterrete dei rendimenti.

Quello che non si deve mai fare è comprare solo in presenza di hype e picchi!

Sapevate che investire solo 100 dollari al mese in criptovalute può portare a una ricchezza di 373.960 dollari in 30 anni?

Lavorate sulle vostre conoscenze e competenze per investire in criptovalute con successo

Avete creato un conto e messo insieme un portafoglio di criptovalute. Iniziate con un deposito mensile. In caso di grande crollo del mercato, si compra un po' di più. Ottimo: questo è un inizio di successo per investire in criptovalute. Come procedere?

La conoscenza è potere.

Gli investitori di successo investono in attività che sanno che produrranno profitti in futuro. Investire comporta dei rischi. Pertanto, la conoscenza non è mai una certezza al 100%, ma piuttosto un'alta probabilità di avvicinarsi al 100%.

Il passo successivo per iniziare con successo l'attività con le criptovalute consiste nel lavorare sulle proprie conoscenze e competenze. Conoscere il mercato. Acquisire esperienza. Fate ricerche sulle potenziali criptovalute. Un sito web utile a questo scopo è coinmarketcap.com. In questo modo si possono trovare molte informazioni su Internet. Potete anche fare rete e visitare eventi di criptovaluta.

Chissà, potreste diventare molto esperti. Chissà, forse sarete presto in grado di rintracciare monete cripto potenzialmente utili. Più diventerete esperti, più alte saranno le vostre possibilità di vincita.

Un'abilità utile nelle criptovalute è l'apprendimento del day trading.

Per quanto riguarda le azioni e gli ETF, preferisco comprare e tenere. Ciò significa che si tratta di un investimento a lungo termine. In criptovalute, questo si chiama HODL. Credo che l'HODL funzioni con le criptovalute più popolari e potenziali. Ma con le criptovalute più piccole probabilmente non è così, perché molte di esse sono "aria fritta". La compravendita a breve termine può funzionare meglio con le criptovalute.

I day trader più esperti possono guadagnare molto
denaro
Guadagnare di più? Molte strade portano a Roma, ma
solo poche idee sono il modo migliore per fare soldi
extra. Guadagnare denaro in modo facile e veloce da
casa o da un lavoro. È possibile. I...
 Con le criptovalute. Questo perché il mercato delle
criptovalute è molto volatile. A livello giornaliero, ci
sono grandi picchi e valli (ad esempio il 10%). Io stesso
non sono un day trader. Anzi, ne ho un'avversione. Ma
questo non significa che possa fare al caso vostro.

Diventare un investitore di successo

Ora sapete come iniziare con le criptovalute.
Probabilmente con successo. Siete pronti a fare un
ulteriore passo avanti? Volete diventare un investitore
di successo?

Volete un successo finanziario sostenibile?

Quindi create un portafoglio di investimenti
diversificato a lungo termine. Questo può consistere in
vari investimenti in (non limitati a):

- Fondi negoziati in borsa (ETF) e/o fondi comuni
  di investimento
- Fondi immobiliari e di proprietà
- Prestiti come obbligazioni, crowdfunding e P2P
  Lending

(Dividendo) azioni

Ci sono (troppe?) opportunità per iniziare. Forse, oltre
alle criptovalute, si può iniziare con investimenti a basso
rischio. In questo articolo potete leggere degli esempi
su come investire con rendimenti fissi. Questi tipi di
investimenti vi danno maggiore stabilità

Quanto si dovrebbe investire mensilmente in Crypto e Bitcoin per ottenere profitti?

Al giorno d'oggi, investire in criptovalute da soli è semplice. Esistono ora operatori affidabili con costi di transazione accettabili. Inoltre, consentono di creare un conto gratuito e di trasferire facilmente denaro in entrata e in uscita con criptovalute e carte di credito. Si pensi alle piattaforme di criptovalute come Coinbase, Binance e Bitfinex.

Tuttavia, è completamente diverso ottenere i migliori risultati investendo in criptovalute da soli. Ciò richiede conoscenza, tempo e una buona strategia di investimento. Molte persone che investono in cripto da sole perdono denaro. È meglio scegliere una via di mezzo, come un portafoglio di criptovalute o far investire degli esperti. Ricordate bene che chiunque può investire quando il mercato è in rialzo. Cosa fate quando il vostro denaro evapora del -50%?

Rischio e rendimento quando si investe in cripto e bitcoin su base mensile
Investire comporta grandi rischi. Le perdite di denaro si verificano regolarmente. Per avere successo, è assolutamente necessario diversificare i rischi. È inoltre necessario investire a lungo termine e fare molta ricerca.

Per quanto riguarda la domanda su quanto investire mensilmente in cripto e Bitcoin, dobbiamo considerare il rischio e il rendimento.

Nel mercato azionario si parla di un rendimento medio annuo dell'8-10%. Questo su un lungo periodo di 20-30 anni. Un anno può essere +30%. L'altro anno -20%. Come per le criptovalute e i Bitcoin, anche con le azioni si può investire in modo più rischioso. I migliori investitori al mondo ottengono un rendimento medio annuo superiore al 25%.

Per quanto riguarda le criptovalute e il Bitcoin, per me è incerto quale possa essere il rendimento medio annuo. Il mercato è ancora troppo giovane per poterlo fare. Con il Bitcoin, un anno è -80% e l'anno successivo è +500%. La volatilità è estrema. E questo crea opportunità.

Per dare una risposta sensata a quanto vogliamo investire in criptovalute ogni mese, dobbiamo fare delle ipotesi. Di seguito potete leggere quali sono. Poi vedremo i calcoli concreti come risposta alla nostra domanda.

Ipotesi di rendimenti medi annui in Bitcoin e criptovalute

Per determinare quanto investire mensilmente in cripto e Bitcoin, dobbiamo fare delle ipotesi. Sono un ottimista, anche se non credo molto nel Bitcoin (ma credo nella blockchain).

Nel lungo termine, tra i 20 e i 30 anni, la domanda di criptovalute e Bitcoin aumenterà.

L'ipotesi è di un rendimento medio del 15% all'anno con un portafoglio di criptovalute diversificato (almeno le 30 monete più importanti).
Questo obiettivo è raggiungibile con un investimento attivo: acquistare i cali e vendere frequentemente ai picchi.
Una media del 15% all'anno è elevata. Credo che sia realistico con un investimento più attivo. A tal fine, è necessario costruire un portafoglio di criptovalute.

Nel lungo periodo, tra i 20 e i 30 anni, la domanda di criptovalute e Bitcoin aumenterà.

L'ipotesi è un rendimento medio del 15% all'anno con un portafoglio di criptovalute diversificato (almeno le 30 monete più importanti).
Questo obiettivo è raggiungibile con un investimento attivo: acquistare i cali e vendere frequentemente ai picchi.

Una media del 15% all'anno è elevata. Credo che sia realistico con un investimento più attivo. A tal fine, è necessario costruire un portafoglio di criptovalute.

Con il Bitcoin e le criptovalute, questi picchi e valli sono molto più estremi. Ecco perché ritengo che il 15% sia realistico per un investitore avanzato in criptovalute.

Il punto di partenza importante è che non si corrano troppi rischi. Personalmente, ritengo che il 10% massimo del vostro patrimonio totale sia investito mensilmente in criptovalute e Bitcoin. È possibile anche investire di più o di meno. Il rischio è completamente vostro e dovete capire che potete perdere molto denaro.

Infine, le criptovalute e il Bitcoin non sono (ancora) un investimento passivo. Approfittate della volatilità dei prezzi. Lo si fa vendendo alto e comprando basso. Utilizzate gli ordini limite per automatizzare ed evitare decisioni emotive.

Ora arriva la parte divertente: quanto investire mensilmente in cripto e Bitcoin per 100K o addirittura 1 milione?

Quanto si dovrebbe investire ogni mese in cripto e Bitcoin per 100.000 dollari?

Il pensiero di scenario è necessario quando si affronta un futuro incerto. L'investimento mensile in cripto e Bitcoin è estremamente incerto. Il nostro punto di partenza è un rendimento medio annuo del 15%. Si tratta di un'ipotesi. Ma voi credete nelle criptovalute e nei Bitcoin e decidete di investirci mensilmente. Date per scontato il rischio. Investite solo con denaro che potete perdere al 100%.

Esaminiamo tre scenari:

Scenario peggiore: -10% di rendimento medio annuo su 20 anni.
Scenario più probabile: 15% di rendimento medio annuo su 20 anni

Scenario migliore: 20% di rendimento medio annuo su 20 anni
In questo articolo continuiamo a utilizzare questi scenari. Il caso peggiore non è incluso, sebbene sia uno scenario realistico. Come ipotesi più probabile, prendiamo la nostra ipotesi del 15%.

Data l'incertezza, è necessario utilizzare una strategia di investimento attiva che preveda principalmente "buy the dip" (comprare al ribasso). E idealmente vendere di tanto in tanto per convertire parte dei profitti in liquidità in vista del prossimo calo.

Quanto investire mensilmente in cripto e Bitcoin per 100.000 dollari in 20 anni?

Risposta: 100 - 150 dollari al mese.

Con una piccola somma di denaro, potreste costruire una grande fortuna. Questo perché il rendimento si attesta al 15%, un valore davvero elevato. Siamo ottimisti. Troppo ottimisti? Lo dirà il tempo. (Anche se il 15% è notevolmente inferiore a quello degli ultimi cinque anni).

Ma comunque. Anche con le azioni è possibile costruire una grande fortuna con una piccola somma di denaro. Questo è il potere dei rendimenti a lungo termine.

Quanto si dovrebbe investire ogni mese in cripto e Bitcoin per 250.000 dollari?

Siamo più ambiziosi e puntiamo a un importo maggiore. Quanto investire mensilmente in cripto e Bitcoin per 250.000 dollari in 20 anni?

Risposta: 300 - 350 dollari al mese

Si noti che con un deposito più elevato si supererà probabilmente il 10%. Supponiamo che vogliate investire 500 dollari al mese. Con un investimento massimo del 10% in criptovalute, sono "solo" 50 dollari al mese. Ancora una volta, personalmente non andrei oltre il 10%. Capite bene che si tratta di un'operazione che comporta rischi enormi.

Quanto si dovrebbe investire ogni mese in cripto e Bitcoin per ottenere 1 milione di dollari?
Vediamo un altro scenario da disimparare. Quanto si investe mensilmente in cripto e Bitcoin per 1 milione di euro? Sembra una cifra da capogiro. Tuttavia, la verità è che chiunque può farcela. Anche con rendimenti dell'8%!

Ci sono però due condizioni. La prima è l'investimento a lungo termine. Diventare milionari in 20 anni è possibile ma difficile. In 30 anni è più facile (vedi grafico sotto). In secondo luogo, dovrete investire molto denaro ogni mese. Dovreste farlo solo se potete sbagliare al 100%. Può anche andare male.

Se posso farlo io, potete farlo anche voi. (Soprattutto perché non sono un super investitore).

Quindi: quanto investire mensilmente in cripto e bitcoin per 1 milione di euro entro 20 anni?

Risposta: 1300 - 1500 dollari al mese

Importante: con un rendimento del 10% e un deposito mensile di 1.000 dollari, avrete 1 milione dopo 30 anni. Il 10% di rendimento è più realistico del 15%. Questo risultato è raggiungibile con un portafoglio d'investimento diversificato in azioni, ETF, immobili e alternative. Questo riduce significativamente il rischio. In altre parole, la sicurezza di 1 milione aumenta!

www.ingramcontent.com/pod-product-compliance
Lightning Source LLC
Chambersburg PA
CBHW071207130726
47998CB00002B/656